性暴力の加害者となった君よ、すぐに許されると思うなかれ

被害者と加害者が、往復書簡を続ける理由

斉藤章佳
にのみやさをり

ブックマン社

はじめに

この本は、過去に性暴力の加害経験がある男性たちと、写真家であり何度も性被害に遭った経験を持つ、にのみやさをりさんとの対話の記録と、そこから見えてきたものをまとめたものです。その対話は、同じ空間で顔と顔を合わせる対面の形、そして手紙を往復させる「往復書簡」という形の両方で実施してきました。

こんにちは、ソーシャルワーカーの斉藤章佳です。この本を手に取ってくれているのは、性暴力に何らかの関心がある方々だと思います。であればこそ、加害者と被害者が対話をする、ということ自体に驚かれるかもしれません。それは当然のことで、一般的に、被害者は自分に暴力をふるった相手とは会いたくないものです。なかでも性暴力は、性というその人の核をなす部分を深く傷つけ、尊厳を踏みにじる重大な人権侵害行為です。被害者

が抱く感情は、恐怖、絶望、嫌悪感という言葉で表せるものではなく、加害者がこの世に存在しているという事実すら耐えがたいと思う人がほとんどでしょう。

現在、世界で注目されている新しい司法の試みに「修復的司法」があります。これは、ひとつの事件の関係者——被害者、加害者、双方の家族、場合によっては地域の人らが集まり、当該事件で起きた犯罪について、対話によって解決しようとするプロセスをいいます。話し合う内容に厳密な決まりはないですが、事件をどう捉えているか、どんな影響が出たか、将来この事件や関係者とどう関わるのか、といったことが多いようです。進行役（ファシリテーター）がいて、全員の声を整理・調整しながら進めます。１９７０年代から始まり、現在はニュージーランド、オーストラリア、カナダ、アメリカ、ヨーロッパで制度化されていますが、日本ではまだそれほど知られていません。

修復的司法は、被害者側が加害者側を糾弾するものではありませんし、加害者側が被害者側に理解や赦《ゆる》しを求めるものでもありません。ときにはそんな訴えも出てくるでしょうが、それが目的ではないのです。そして、必ずしもすっきりとした着地点や納得、癒しには到達しません。そうでない場合のほうが多いと思われます。

では何を目的に、関係者が一堂に会するという、おそらく双方にとってしんどい手法を選ぶのでしょうか。

集まった関係者が共通してまず知りたいことは、「なぜ、こんな事件が起きたのか」でしょう。被害者側は「なぜ、自分が、もしくは自分の家族が被害に遭ったのか」と考えることもあると思いますが、加害者が行動に移さなければ事件は発生しませんから、それはつまるところ、「加害者は、なぜ加害をしたのか」ということになります。この答えは、加害者のなかにしかありません。

出てきた答えが被害者側にとっては受け入れがたいもので、決裂して終わることもあるでしょうし、はっきりとした答えが得られない可能性もあります。しかしそれならそれで、この先、自分たちが事件と、被害と、加害とどう向き合っていくのかが見えてくる。対話をする前と後とでは、事件の見え方が同じではない——修復的司法の目的は、「摩擦を減らすこと」だともいわれます。

しかし、性犯罪において修復的司法を用いるのは難しいというのが通説です。理由は先に述べた通り、被害者にとっては加害者と対面すること自体が大きな障壁となるからです。WHO（世界保健機関）が発表している、トラウマの種類によるPTSD（心的外傷後ストレス障害）の有病率と持続月数によると、トラウマ体験の後にPTSDと診断されたのは、レイプ被害者がもっとも多く、ついでDV被害者、その他の性暴力被害者の順でした。

しかも、性暴力被害によるＰＴＳＤ診断の平均持続期間は約１１０カ月、実に10年近くと長期にわたります。事故災害では約41カ月なので、その差は歴然です。

性暴力被害者にとって、長きにわたる苦しみの真っ只中での対話、しかも自身の加害者との対話が難しいのは自明のことです。それでも私は、被害者側が望んだ場合、加害者側との「対話」が必要だと考えます。

私は現在、精神保健福祉士・社会福祉士として、東京を中心に7院を構える依存症専門の〈榎本クリニック〉で、反復する強迫的性行動がやめられない人を対象とした専門外来ＳＡＧ（Sexual Addiction Group-meeting）のプログラムディレクターを担当しています。これは、性加害をした人たちが通院し、加害者臨床という枠組で再加害をしないための治療教育プログラムに取り組む、日本で初めての試みです。長年、担当していくうち、被害者も加害者も、互いについて知らないことが多すぎて、それが間接的な回復阻害要因になっていると感じることがありました。

加害者は被害の実態と、被害者の〝その後〟を知らなければ、自分が何をしたのかを理解しようがありません。被害者もまた、「加害者は、なぜ加害したのか」がわからないあまり、「私が悪かったのだ」と自罰的になる人がいます。

私が当初考えていたのは、それぞれの側に立つ臨床家同士の対話でした。加害者臨床の専門家と、被害者の支援、治療にあたる専門家が知見や意見を交換する機会をつくることが、双方のプログラムの役に立ち、当事者の立ち直りの後押しになるだろうと考えたのです。実際に興味を示してくれた専門家もいましたが、現在の日本の社会情勢では、その前にクリアしなければいけない課題がいくつもあり、実現には至りませんでした。

まだ早すぎるのだろうか、それとも、そもそも不可能なのだろうか。と悩んでいた矢先に、にのみやさをりさんと、出会ったのです。

にのみやさんは、加害者が再犯防止に取り組む加害者臨床が榎本クリニックで行われていることを知り、私にコンタクトを取ってくださったのです。最初にお会いしたとき、にのみやさんは「私は加害者と対話したいのです」とはっきりとおっしゃいました。すでに、被害に遭われてから20年近くが経っていましたが、にのみやさんのなかでは、「なぜ私だったのか?」「私でなければならなかったのか?」という疑問が絶えず渦巻いていました。実際に性加害をした人たちの口から聞くしか、その答えを得られないのではないか。悩み続けて出した結論が「加害者との対話」なのだとわかっても、私の驚きは消えませんでした。

修復的司法をイメージした対話プログラムの必要性を感じていたのに、にのみやさんからの申し出に、本当にできるのだろうかと不安と躊躇がありました。話し合いを重ねましたが、にのみやさんの決意は固く、「まずはやってみましょう」となり、〝対話プログラム〟がスタートしたのが2017年7月です。事前に「にのみやさんが辛い、無理だとなったら、その時点でやめましょう」と約束しましたが、にのみやさんは今現在まで一度も休むことなく、この対話プログラムは約7年間続いています。

私の頭にあったのは修復的司法ですが、被害当事者であるにのみやさんと、過去に性加害行為をしてきた人たちとの対話であって、それぞれの事件はまったく別物です。「ひとつの事件の関係者」が集まる修復的司法とは、アプローチを異にします。対話プログラムでは、にのみやさんと参加者が同じ場に集って話をする対面の形式が1カ月に1回、にのみやさんが参加者に向けて手紙を書き、参加者がその返信を書く往復書簡の形式が1カ月に1回のペースで開催されます。一般的な修復的司法とは違い、にのみやさん―参加者、参加者―参加者といくつもの対話が生まれるため、私はこの試みを「修復的対話」と呼ぶことにしました。

参加者については当初、プログラムにつながっている人のなかから、クリニック側である程度絞りました。プログラムは、「性加害をしていた自分」から「加害しなくても人間関係が築けて社会生活を送れる自分」への変容が目的です。何かのプログラムに参加するには、自分が今、どのステージにあるかが重要な要素となります。また、対話プログラムは長期にわたると予想できたので、継続が期待できる人に声をかけました。

第1回目の光景を、私は今でも忘れません。参加者は50人くらいでした。彼らも緊張していたと思います。加害者として被害者の声を直接聞く、そんな機会はめったにありません。自分が受け止められない言葉が出てくる可能性もあります。そんな彼らを前にした、にのみやさんの第一声は、「みなさん、来てくれてありがとう」でした。

これには、参加者も面食らったと思います。「この人は、何を言い出すのだ⁉」という表情をした参加者もいました。私もそんな顔をしていたかもしれません。にのみやさんはその後、対話プログラムを続けるなかで何度も「ありがとう」と参加者に伝えます。けれど、この第1回目の「ありがとう」は特別でした。そこに込めた思いは、巻末の対談でにのみやさんの口からお話しいただいたので、ぜひ読んでください。

こうして始まった前代未聞の修復的対話、今もたくさんの言葉や想いが参加者と、にのみやさんとのあいだを行き来きしています。参加者は常に同じメンバーではなく、出入りがあります。就職して時間が取れなくなったり、実刑判決が出て刑務所に行ったり、残念ながら再犯したりで、通院自体が途絶えるからです。

一方で、新しいメンバーも入ってきます。すでにプログラムに参加している人が、「こんなプログラムがあるよ」と声をかけることもあるようです。開始以来約7年間、ずっと参加している人もいます。

私はファシリテーターとしてその場にいますが、これまで長く加害者臨床に携わりながら見たことがなかった彼らの表情、聞いたことがなかった彼らの言葉に、何度出会ったかわかりません。そんなとき、被害者という、ともに性暴力の当事者でありながら真逆の立場にいるにのみやさんとの対話に、私は「加害者側の意識や行動の変容」という手応えを感じます。と同時に、にのみやさんの命を削るような言葉が彼らの上を素通りしたり、会話が空虚にすれ違ったりすることもあります。対話はいつもうまくいくとは限らない。でもだからこそ、なんとか相手に伝えよう、相手の言葉を読み取ろうと努力します。

そこにいるのは、確かに加害者と被害者です。にのみやさんは被害当事者として、加害者に知ってほしいことを彼らに語り、知りたいことを彼らに問います。それと同時に、被害者としての立場を降りて、一人の〝ひと〟として彼らに対峙し、言葉を届けようとしているのがわかります。にのみやさんは、〝ひと〟と〝ひと〟として話したいのでしょう。

性暴力の加害者となった彼らは、変わることができるのか。対話だけで行動変容が促されるわけではありません。そう単純なことではないとわかっています。では、どんなことがあれば望ましい変化ができるのか、加害行為の責任に向き合えるのか――7年が経っても、彼らに問いたいこと、一緒に掘り下げたいことは尽きません。

まだ道半ばではありますが、私なりにこれまでを振り返った経過報告として、本書をお読みいただければ幸いです。

２０２４年夏　斉藤章佳

斉藤章佳（さいとう・あきよし）

精神保健福祉士・社会福祉士／大船榎本クリニック精神保健福祉部長。

1979年滋賀県生まれ。国内最大規模といわれる依存症施設である榎本クリニックにソーシャルワーカーとして、長年にわたってアルコール依存症を中心に様々なアディクション臨床に携わる。その後、2016年から現職。専門は加害者臨床で、現在まで3000名を超える性犯罪者の地域トリートメントに関わってきた。また、小中学校では薬物乱用防止教育をはじめ、大学でも早期の依存症教育に積極的に取り組んでおり、全国での講演も含めその活動は幅広くマスコミでも度々取り上げられている。東京都痴漢被害実態把握調査委員、一般社団法人痴漢抑止活動センターアドバイザー。著書には『「小児性愛という病」― それは、愛ではない』（小社）、『男が痴漢になる理由』（イースト・プレス）、『盗撮をやめられない男たち』（扶桑社）、『男尊女卑依存症社会』（亜紀書房）、『子どもへの性加害 ― 性的グルーミングとは何か』（幻冬舎新書）など多数。

目次

はじめに ―― 2

第1章 被害者の〝その後〟を語る対話プログラム

「忘れられないから」苦しむ ―― 18
自分の加害行為を過小評価する加害者 ―― 22
加害者は被害者のことを知らない ―― 26
加害者臨床の現場も、社会も、被害者を知らない ―― 28
被害者の〝その後〟を語る対話プログラム ―― 30
被害者と加害者の過ごす時間の違い ―― 33
被害者の〝その後〟はいつまでも続く ―― 39
加害者が取り組む三つの責任 ―― 42

被害者を襲う「記念日反応」——48
被害者と加害者に共通する現象——50
被害者も、加害者を知る——56
したことと向き合えない加害者——58
いつまで逃げればいいのか——60
対話しなければ辿り着けない場所がある——65
回復が一人では不可能な理由——70
加害者にも「解離」があるのか?——73
被害者を出した事実から目を逸らしたい——81

第2章 性加害を自分の言葉で語ることの難しさ

あなたの「弱い話」が仲間の強さになる——86
語らずに身を潜める加害者——89
自分をごまかせない「書く」という行為——94

加害者もまた加害者を知らない 99
性加害に重い、軽いがあるのか 101
たかが盗撮、なのか 105
被害に優劣をつける意味はない 109
被害者も、被害を相対化する 113

第3章 「認知の歪み」を理解するために

レイプ神話は誰がつくるのか 116
なぜ自分だったのか、の答えを探すのはいつも被害者 119
自分こそ被害者だと思う加害者 123
加害者のあいだで似通う認知の歪み 130
人をモノ化するという自動思考 135
ヒト扱いされてこなかった経験がモノ扱いを生む 139
「男らしさ」を押し付けられる 142

自らのトラウマに気づけない加害者 146
弱みを見せられずに孤立する 152
SOSを出せないことが問題行動につながる 154
低い自尊感情、高いプライド 158
承認欲求はなぜ性加害につながるのか 161
ストレスを解消する選択肢を間違う 166
被害はなかったことにできない 169
自分にも他人にも価値があるという健全な思考 172
女性をうらやましいと思う心理 175
女性に嫉妬しつつ下に見る「弱者男性」 180
女性にモテて当たり前、と思わせる社会 181

第4章 性暴力の加害者となった君よ、すぐに許されようと思うなかれ

謝罪というパフォーマンス 192

許されることを前提としている傲慢さ 200
許すことと、赦すこと 207
加害者には回復を目指す責任がある 213
手紙という対話でしかできないこと 219
回復のパターンは一つではない 224
被害者でい続けることの辛さ 234
加害者でい続けることの安全さ 238

巻末対談　にのみやさをり×斉藤章佳 247

おわりに 272

本書に収録しているにのみやさをりさんからの手紙、および対話プログラム参加者からの手紙は、誤字など一部を修正し整えたものですが、個人が特定されないように配慮しつつも、できる限りそのままの表現を残しています。したがって表記の統一にばらつきがありますが、筆者の意図を尊重したものです。

第1章

被害者の〝その後〟を語る対話プログラム

「忘れられないから」苦しむ

「一日に一分でいいから被害者のことを思い出してください」――これは、にのみやさんが対話プログラムの参加者に、繰り返し投げかけている言葉の一つです。それを読み、あるいは聞くたびに、ハッとした顔をする参加者がいます。「思い出す」のを忘れていたのでしょう。被害者のことを思い出さないとは、自分の加害行為を忘れたのと同じです。

あまり知られていませんが、加害者はいとも簡単に自身の加害行為を忘れます。加害したという認識はあっても、具体的な細部が記憶からごそっと抜け落ちていることもあります。重大な罪を犯したことを忘れるなんて信じがたい、と思われるでしょうか。これを加害者臨床の現場では、「加害者記憶の忘却」と呼んでいます。

クリニックの再犯防止プログラムに通う人たち、そして対話プログラムに参加する人たちは、自分がした加害行為とその責任性に向き合うために通院しています。ほとんどの人が真面目……真面目すぎると言ってもいいほどです。にもかかわらず、私たちスタッフから見て「被害者のことを完全に忘れているな」と感じることは日常的にあります。たとえば自分がしたことを話すときの、「～ということもありましたよね」「～ってことだったたんじゃないですかね」という、まるで遠い昔のことを、もしくはまるで自分ではない人がしたことを話すかのような口調。そこに加害者としての当事者性はなく、被害者も存在していません。自身の加害行為によって被害者となってしまった人が現在も苦しんでいるかもしれないとは、露ほども思っていない様子です。

自分にとって不都合な記憶、罪悪感を伴う記憶はできるだけ思い出したくない――この感情自体には共感する人もいるでしょう。そうした記憶は苦痛とともに蘇ります。再犯防止に取り組む彼らもそれは同じで、だから自分がした加害行為を記憶の外に追いやりたい。忘れたほうが楽なのだという方向に、気持ちが向きます。

そんな彼らが、にのみやさんに「思い出してください」と言われてハッとするのは、そこにたいへんな切実さと、被害者としての当事者性が込められているからです。被害者は、自分がされたことを忘れません。被害の影響が大きいと一時的に記憶が封印されることはありますが、忘却するわけではありません。忘れたくても、忘れられないのです。対話プログラムにおいて、にのみやさんへの手紙にこんなことを書いた参加者がいます。

――過去のことが忘れられるような明るい社会生活を取り戻してほしいと思います。

――2019年7月　にのみやさんへの手紙

彼はおそらく、被害当事者であるにのみやさんへの想いを率直に綴ったのでしょう。対話プログラムでは、手紙を書くときは自身に正直であることを基本の姿勢としています。しかしそれは、読む人のことを考えなくていいという意味ではありません。いえ、彼はむしろ、にのみやさんのことを気遣って書いたのかもしれません。にのみやさんは、こう返信しました。

Mさんは、被害を、忘れられるものなんじゃないか、と思っていらっしゃるんでしょうか。だとしたら、ちょっと違うよなと思います。忘れられないからつらいんです、忘れられないから恐怖なんです、忘れられないから、苦しむんです。たぶん、被害者に一度なってしまうと、生涯この葛藤のなかにいることになるんだと思います。どんなに明るい社会生活をしたとしても、この、葛藤は、なくなることはないんだと思います。

――2019年8月　にのみやさんからの手紙

にのみやさんの返信からは、こんなことが伝わってきます。性被害を一度でも経験すると、生涯にわたってその記憶は消えない。いくら手放したいと願っても、思い出してしまう。ゆえに被害者は葛藤し続ける……。これは対話プログラムの参加者だけでなく、社会全体に知ってほしいことです。

身近な人から「早く忘れなさい」と声をかけられた経験のある被害者は多いです。よかれと思っての発言なのでしょう。しかし、よく考えてほしいのは、こうした声がけによって、論点がすり替わり、被害者は「忘れられない自分が悪い」と尚のこと自分を責めるようになるのです。

にのみやさんは自身を襲うフラッシュバックについて何度も言及してきました。フラッシュバックとは、トラウマ体験を突然かつ、鮮明に思い出すことです。前触れもなく訪れるので、自分ではコントロールできません。記憶につながるなんらかのトリガー（引き金）が引かれると、フラッシュバックが起きます。それは大事な仕事中かもしれないし、親しい人と何かをしているときや、移動中かもしれません。パニックに陥り、過呼吸になったり倒れたりする人もいます。被害者にとって記憶が唐突に蘇るのは、ただしんどい、嫌な気持ちになるというのに留まらず、日常生活を破壊するものなのです。

あっさりと加害者記憶を忘却する加害者。いつまでも被害者記憶に振り回される被害者。あまりに非対称的で、性暴力とはなんと残酷なのだろうと思わされます。

自分の加害行為を過小評価する加害者

自分がした加害行為を忘却できるのは、その人にとって「たいしたこと」ではないからでしょうか。これを対話プログラムの参加者自身が考えるために、「なぜ加害の記憶は忘却され、被害の記憶はずっと続くのでしょうか」という問いを投げかけたことがあります。すると、こんな答えが返ってきました。

加害者のなかでは被害者は大勢のうちの一人というイメージで、一人ひとりに対する加害の印象が薄いため、時間が経つにつれて忘れていくものだと思い、被害者の場合一生に一度の傷というのと、自分が原因かもしれないことへの負い目と、セカンドレイプにおける精神的ダメージで忘れられないものになっていると思います。

被害者にとって被害に遭うのは（たぶん）日常的ではないので、やられたと気づいたときのインパクトは大きいと思います。一方で加害者は日ごろから大小、認識できたか無意識か問わず、問題行動に関する何かしらの行動を日常的にしているのではないでしょ

うか。日常的なのでいちいち覚えていないのだと思います。

加害者は、無責任ではありますが、その加害が幾つもあるなかの一つであるからだと思います。だから一つひとつのことをよく覚えていないのだと思います。被害の記憶は、その人個人に起きた一つの重大な出来事であるからだと思います。そこに記憶の忘却と、ずっと残ってしまう、という差ができるのだと思います。

――2022年11月　にのみやさんへの手紙

ここにあるような、「自分がしてきた加害行為＝問題行動は日常的なものであり、数えきれない回数に及んでいるのが、加害者記憶の忘却の理由である」という回答は複数の参加者から寄せられました。参加者のほとんどに、逮捕された経験があります。受刑歴がある者も少なくなく、それも一回きりでは済まず、刑期を終え出所した直後に再犯し刑務所に出戻った、という話も珍しくはありません。

ここで注意すべきは、彼らは逮捕された事件以外にも、多数の加害行為を行ってきた、という事実です。特に痴漢や盗撮は通勤などの生活サイクルに組み込まれ、日常的に反復します。こうした強迫的性行動には行為依存としての側面があります。依存症のうち、アルコールや薬物といった精神作用物質への依存を「物質依存」、ギャンブルや痴漢、万引きといった行為への依存を「行為依存」といいます。こうなると、加害行為の数は何百回、何千回……本当に数えられなくなります。相手がどこの誰であり、被害のときにどんな表情をしていたかなど、数が多すぎて記憶に留まりにくい状態なのも、忘却の一因だと彼らは考えているようです。一つひとつの加害行為が、重みのない日常化されたものになっているのでしょう。しかしここで、「それだけ被害者がいれば、記憶に残っていないのは仕方ない」と終わらせるわけにはいきません。彼らにとっては何百、もしかすると何千分の一の加害でも、被害者にとってはまったく違います。にのみやさんはこう返信しました。

みなさんがおっしゃる通り、みなさんにとっての加害行為、問題行動はひとつではなく、つまり夥《おびただ》しい数の行為がそこにはある。でも被害者にとってはいつだって、それは唯一無二のものである、ということ。この差は大きいですね、本当に。その他大勢、と、唯一無二の唯一とでは、天と地ほどの差がある。おっしゃる通りです。被害者にとって、このことは、わかっているようでわかっていない、受け容れられるようで受け容れがたい、そういう代物になると思います。

——2023年12月　にのみやさんからの手紙

被害者の、複雑な心境がストレートに綴られています。加害者にとってもっとも目を逸らしたいものの一つが、自分の加害行為によって傷を負った被害者の存在です。その傷は、もしかすると生涯癒えないかもしれません。彼らからすれば、被害者が苦しみ続ける年月によって、自分がしたことの重大さを突きつけられるという気持ちにもなるのでしょう。

そこで彼らは「たいしたことではない」「ほかにもっと酷いことをしているヤツがいるのだから、このくらい問題ない」と、自身の加害行為を過小評価します。記憶の忘却も、そうして身を守るために選択している手段の一つなのです。

過小評価は、加害行為を繰り返してきた人たちに共通する反応のパターンであり、思考の癖のようなものです。対話プログラムでにのみやさんへの手紙を書くときに、自身の氏名（ニックネーム可）とともに問題行動の内容を記入する欄があります。痴漢や盗撮、露出や下着窃盗、不同意性交、不同意わいせつ、未成年へのわいせつ行為、といった文字が記されるはずですが、本当のことを書けない人が多くいます。だいたいが実際にしたことよりも小さく、軽微なものに見えるよう記入します。

また加害者同士で問題行動を比べて、自分の加害行為を過小評価するのも、よく見られる現象です。たとえば「自分は盗撮しかしていないから、レイプしてきた人たちよりマシ」

というように。盗撮など非接触型の性暴力では被害者の傷が浅い、ということは断じてありません。被害は相対化されるものではなく、個別性が尊重されるべきです。少なくとも、加害者の勝手な理屈で決めつけていいものではありません。この「自分の加害は、人よりマシ」という考えの根深さについては、追って詳しく考えます。

自身の加害行為を過小評価することは、被害者の被害を過小評価することにつながります。さらに、その行為を忘れてしまえば、被害者の被害が〝なかったこと〟になります。被害者のなかには「自分のことをいつまでも覚えていてほしくない」と考える人もいるそうです。しかし、なかったことにしてほしい、と思う被害者はいないでしょう。

加害者は被害者のことを知らない

加害者が加害記憶を忘却するのは、自身の加害行為を、ひいては被害者の被害を軽んじているから。私はこの背景にもう一つ重大な事実が潜んでいると思います。それは、加害者は被害者のことを「知らない」というものです。

これは、加害者自身の問題であると同時に、加害者臨床が抱えている課題でもあります。性加害者を対象とした再犯防止プログラムは基本的に、科学的エビデンスに基づいたリラプス・プリベンション（再発防止）モデルを基盤とする「認知行動療法」に沿って行われます。

その目的は一にも二にも、リスクアセスメントと再犯防止のためのスキルを身につけること、です。個々人のリスクの度合いを査定（アセスメント）してそれに応じてカリキュラムが組まれますが、私たちのクリニックでは「リスクマネジメントプラン」を重視しています。自身が問題行動をしたくなるのはどういうときか、何がトリガーなのか、それを回避するにはどうすればいいか、といったことを徹底的に洗い出し、リスク回避のためのスキルを学び、それを生活のなかで実践します。

これは、依存症治療において物質使用障害のプログラムとして発展してきた治療モデルです。先述したように、性暴力のなかでも痴漢や盗撮といった反復性の高い加害行為には行為依存としての側面があるため、それを応用しているというわけです。アルコールや薬物、ギャンブルといったほかの依存症では、回復に向かうなかで再発（スリップ）するのは大前提で、その経験を自身にフィードバックし、次に活かします。トライ&エラーを繰り返しながら、クリーンな「今日一日」を積み重ねていくのです。性加害の場合は、再発＝再犯であり、必ず被害者を生み出します。これはあってはならないことなので、プログラムでもう二度と加害をしないことに重点が置かれるのは当然のことです。

しかし、このプログラムには「被害について、被害者について、知る」機会がまったくといっていいほど設けられていません。そんなことを知らなくとも、スキルを身に付けて再犯さえしなければいい……という意見も当然あるとは思いますが、私のなかには、「スキルのみに偏重してしまっているプログラムでいいのだろうか」という疑念が長らくありました。性被害について知らないまま、自身の性加害と向き合うことはできません。再犯しない日が何年続いても、本当の意味での生き方の変容は期待できないのではないか。そう考え始めたのです。

加害者臨床の現場も、社会も、被害者を知らない

〝しらふ〟という語は一般的に、お酒を飲んでいない状態を指します。アルコール依存症治療の現場では、ただ飲んでいないというだけでなく、アルコールを摂取せずに人間関係を築け、自分らしい生き方の再構築が実践できていることを言います。英語ではsobriety（ソブラエティ）といい、ソバリアンといった言葉が日本でも少しずつ聞かれるようになりました。お酒を飲んでいないのに飲酒時と考え方、行動パターンが変わらず、精神的に不安定だったり、人間関係に支障を来すようなら、それは「ドライドランク」「しらふの酔っ

ぱらい」といわれます。アルコール依存症からの回復とは、ただ飲まないのではなく、生き方が変容し、しらふの状態を保つことを意味します。

加害者臨床でもこの考え方を応用しているため、再犯防止プログラムに取り組む人たちは〝性的しらふ〟の状態を目指します。ただ再犯していないというだけで加害をしていたときと考え方や価値観などが変わっていなければ、それはドライドランクと同じです。被害、そして被害者についてほとんど知らないままで性的しらふに近づけるとは、私には思えませんでした。「知らなくても再犯していないならそれでいい」では、彼らは自身の加害行為の責任に向き合っているとは言えないのではないか。

同時に、この疑念は私自身にも突きつけられました。「では長年加害者臨床に携わっている人間として、自分は被害者のことをどれだけ知っているのだろうか」と。答えはすぐに出ました。「知らない」のです。

2017年にアメリカで始まった#MeToo（ミートゥー）運動が日本でも知られるようになる以前は、性被害当事者が自ら体験を発信するケースは多くなく、知る機会がなかったともいえます。そのなかで当事者である小林美佳さんの著書、『性犯罪被害にあうということ』（2008年、現在は朝日文庫）は実に貴重な1冊で、私は何度も読み返しました。そのおかげで「性犯罪被害を、そして被害者を知る」最初の一歩が踏み出せたと思います。

考えてみると、性犯罪被害や、被害者について知らないのは、何も加害者だけではないのです。加害者臨床に携わる人たちも知識をほとんど持ち合わせていなかったと思いますし、何より社会全体がそうではないでしょうか。大きく報道された性暴力事件があると、今でも「隙があったのでは」「露出度の高い服を着ていたからだろう」「逃げようと思えば逃げられたはずだ」などという声が、ネット空間を中心に拡散されます。すべてレイプ神話といわれるもので、根拠がなく偏見に満ちているにもかかわらず、社会で広く信じられている情報です。これがはびこる社会ほど、性被害のリアルは表に出てきません。声を上げたところで「嘘だ」と断罪され、さらに傷つくだけに終わると予想されれば、被害者はおのずと沈黙を選択する。そうして神話がさらに強化されるという悪循環が、長いあいだ保たれてきました。

被害者が発信してこなかったというよりは、口を塞がれてそれをしにくい社会が現在に至るまで温存されてきたということです。加害者の〝知らなさ〟は、そんな社会の様相がさらに凝縮したものであると見てよいでしょう。

被害者の〝その後〟を語る対話プログラム

対話プログラムは、「被害を知る」ことから始まり、それがすべてである、といっても過言ではありません。

にのみやさんは、自身が20代のときに受けた性被害について参加者の前でつぶさに語り、そして手紙に書き記します。ときに生々しくなるその表現を、すんなり受け入れられる参加者はいないといっていいでしょう。彼らの顔からスッと表情が消えます。一斉に表情がなくなる光景はまるでホラー映画です。私たちはこれを〝のっぺらぼう現象〟と名付けましたが、それについては後ほど改めて掘り下げます。

だからこそ、にのみやさんは繰り返します。自身の被害について、折に触れて何度も語ります。そこではよく「木っ端微塵」という語が出てきます。性被害を受けたことで、自分という人間が、尊厳が、人生が、木っ端微塵になったのだ、という意味です。

対話プログラムには、途中から参加してくる人や中断者もいて、常に一定の出入りがあります。参加してから年月が経っている人は、にのみやさんの話を何度も読んだり聞いたりすることになります。そうして長く参加している人たちは知っています。にのみやさんが伝えたいのは、被害を受けて木っ端微塵になった瞬間のことよりも、むしろ〝その後〟だということを。木っ端微塵になったまま生きる不自由さだということを。性被害の影響は生涯にわたって及ぶことも多く、にのみやさんの場合も20年以上にわたり続いているので、そもそも一度で語り尽くせるものではないのです。

被害者が〝その後〟をどう生きたか――これは被害時の実態にさらに輪をかけて知られていません。たとえば、性被害体験がある人のうち約75％が希死念慮を感じたことがあり、性被害体験がない人の約40％と比べて顕著に多い（第5回自殺意識全国調査 調査結果、2023年）といった科学的なデータは、多くはないながら存在します。けれども、被害当事者が語るそれにはまったく別の意味合いがあります。

加害行為は、いってみれば一瞬ですよね。一瞬の出来事、です。でも。被害者はその後の人生がたとえば50年残っていたとして。その50年を丸々、ひっくり返ったまま滅茶苦茶なまま、生き続けていかなければなりません。それがどんなしんどいことか、とてつもない残酷なことなのか、きっと今のHさんなら想像できますよね？

――2019年4月　にのみやさんからの手紙

被害から何年も何年も経っていても、被害のことがきっかけで、命を絶とうとするひとが実際にこうしているんです。そのことをどうか、覚えていてください。正面からちゃんと、受け止めてください。そういう状況に陥っていることを、どうかちゃんと知ってください。

——2021年5月　にのみやさんからの手紙

そして、被害というものは、直接的な加害行為による被害だけに留まらない。被害は一次被害、そして二次被害と拡大してゆくのです。その場限りで終わるのは、加害者の側だけです。その直後から人生が急転直下、激変してしまうのが被害者の側で、そしてそれは生きている限り続いていってしまうものなのです。被害とはだから、長く長く、続いてゆく、そういう代物なのです。

——2023年3月　にのみやさんからの手紙

被害者と加害者の過ごす時間の違い

にのみやさんが手紙に書き記した通り、一つひとつの加害は一瞬とはいわないまでも、ごく短い時間で終わります。加害者にとって、被害者のもとを離れれば、加害行為は〝完了〟したことになります。しかし被害者の人生は、その後も続きます。それがいかに混乱と困難に満ちたものか。被害を受ける前と後とで、生きることの意味がまるっきり変わってしまった被害者が、どれほどいることか。

確かに加害者も、逮捕されればその後の人生は変わるでしょう。たとえば加害者Aと被害者Bがいて、Bが被害を警察に届け出たことでAは逮捕され、裁判で5年の実刑判決が出たとします。Aは仕事を辞めざるを得ないでしょうし、妻や子どもが去っていくかもしれません。性犯罪で受刑する人は刑務所内でも白眼視されがちなので、いじめに遭うなど自身が被害者になるような体験もたくさんするでしょう。

私は、受刑者と面会する機会が多くあります。出所後に再犯防止プログラムへの参加を希望している場合、出所日が近くなるとその人の生活環境調整や経済状況のアセスメント、身柄引受人や家族との関係調整が必要になることもあるからです。これを、出口支援といいます。だからこそ知っているのですが、出所間近の加害者の頭のなかに、被害者はいません。「仕事はどうなるのか」「家族とうまくやっていけるだろうか」と、自分のことで頭がいっぱいです。刑期が終われば、ケリがついた、または落とし前をつけたとばかりに元の生活に戻りたいという願いも透けて見えます。

では、同じ5年間を被害者Bはどのように過ごしていたでしょうか。心身が木っ端微塵にされてしまったため仕事ができなくなり、ひきこもり生活で経済的に困っているかもしれません。ＰＴＳＤの症状に日々苦しみ、何かしようと思っても予告なく訪れるフラッシュバックに苛《さいな》まれ、リストカットをしたり自死を試みたりした可能性もあります。そのことで家族や友人との関係に支障が出ていてもおかしくありません。先が見えない精神科の通院治療、どんどん増えていく処方薬、自暴自棄になってのオーバードーズ……。Ｂが望んでそうなったものではなく、すべてＡによって一方的にもたらされた状況です。

加害者にとっての5年と、被害者にとってのそれには、これほどまでの隔たりがあります。被害者にとっては何も完了せず、それどころかその後の10年、20年、30年、もしかしたら50年先までを「ひっくり返ったまま滅茶苦茶」な状態で生きなければならない。このことを加害者が知るには、被害者の生の声を直接聞く以外にありません。

対話プログラムで、私たちスタッフから先に挙げた小林美佳さんの著書などを勧めることもありますし、本を読んだり自分で調べたりして被害者のことを知る努力を重ねている参加者もいます。しかし、眼の前にのみやさんは、言葉を発する前から〝被害者のその後〟を体現しています。腕に無数に走るリストカットの痕《あと》。夏にはあえてノースリーブの服を選び、隠すことはありません。ただそこにいるだけで、混乱と困難のなかを生き延びてきた生身の人間である、というリアリティを全身から発しているのです。

２０２２年９月の手紙で、にのみやさんは、ご自身のある一日の生活を記録しました。

3：00　就寝
4：30　起床、息子の朝ご飯作り。今朝は簡単なチャーハンを作りました。
5：00　息子を起こした後、洗濯2回、ベランダの植物たちに水やりなど。息子が育てている虫さんたちの世話を息子と一緒にしたりしました。
7：45　登校する息子と一緒に外に出ました。その後のことは正直記憶がぼんやりしていて、うまく思い出せません。
11：00頃　いったん帰宅。為さねばならぬことを思い出して慌てて有隣堂に出掛ける(為さねばならぬことは、近々催す個展のための、マットの注文でした……)
12：30　今日は横浜市の依存症施設でアートセラピー講師をする日だったので、自転車ででかけました。
13：30〜15：00　アートセラピー講師。今日は、自分にとって大事な一字を用いて絵を描いてもらいました。
15：30　帰宅。でもしばらくまた解離していたみたいで、しばらく時間が飛んでおり。オットが帰宅する音ではっと我に返りました。それが16：30。慌てて夕飯を作り始めました。とりあえず、思いついたメニューが肉じゃが。せっせと作りました。
17：30　息子帰宅。家族で夕飯。
18：00過ぎ　息子と一緒にサスケ（犬）の散歩へ。
18：50頃　帰宅
19：40　息子寝かしつけ。20：40頃まで。
21：00から、書きかけていたみなさんへの手紙の続きを、一気に書きました。そして今に至る。という具合でした。
相変わらず解離が酷いので、記憶が飛び飛びですが、まぁ何とかなっています。解離も、つき合い方を覚えれば怖さもまぁ半減します。笑
横になれないせいか、身体の痛みが酷いので、相変わらず痛み止めとおつき合いは続いていますが、テニスボールを使ってのケアも怠ってません。せっせと為しています。それがせめて、私が今自分の身体にしてあげられることだと思っています。
――2022年9月　にのみやさんからの手紙

被害を受けてから20年以上の月日を経てなお、その影響が日常に色濃く影を落としています。「記憶がぼんやり」「解離していた」「時間が飛んでおり」というのは、なんらかの心

的外傷体験がある人に多く現れる解離性障害です。

にのみやさんは被害時、そして被害後すぐの時期から解離がありました。被害を受けているときに解離が起きるのは、珍しいことではありません。それ以後の人生の記憶は、飛び飛びになっています。そのことは手紙で何度も書かれてきたので、参加者の多くが知っています。しかし、こうして一日のうちに何度も解離するというところまでは想像が及んでいなかったでしょう。解離もフラッシュバック同様、いつ起こるかわからないものです。数年前、にのみやさんは外出時、階段を降りている最中に解離が起きて、落下して大怪我を負い、救急搬送されました。

この〝一日〟は、プログラム参加者の胸に刺さったようです。これまでわかっていたつもりでも、具体的に思い浮かべることができなかった被害のリアルをまざまざと実感させられたのでしょう。

程度に差があっても、〝その後〟の人生が非常に困難になる被害者が多い——にのみやさんは「これは自分だけに起こった、特殊なことではない」ということを伝えるべく、サバイバー仲間や被害体験のある友人らに声をかけ、そのうちの数人から対話プログラム参加者への手紙を預かってきたことがあります。自身が性被害に遭ったことで自死を試み、なんとか一命はとりとめたものの、事情を知ったパートナーが翌日に自死してしまった……

壮絶ともいえる〝その後〟を知って、参加者のうち何人が、「自分が加害した相手も、同じような人生を辿ったかもしれない」と想像できたでしょうか。目を逸らすことなく、その可能性と向き合えたでしょうか。

被害者の〝その後〟はいつまでも続く

２０１９年には、ＳＮＳ上で「＃性被害者のその後」というムーブメントが起きました。同年ＮＨＫで『性暴力を考える』取材班が立ち上がり、にのみやさんが特集され、この対話プログラムも放送や記事で紹介されました。そのなかで、

「加害者は被害者のその後の人生を知らない。それでは、本当の意味での反省も謝罪も生まれないのではないか」

というにのみやさんの言葉が記事に掲載された折、その発言に衝撃を受けた一人の被害女性が、このハッシュタグを生み出してくれました。そこには被害を経験した人たちの生の声があります。きっと家族や友人にも打ち明けてこなかった、いえ、身近な人にこそ言えない記憶、症状、感情が多数投稿されました。これを受けて、にのみやさんは手紙でプログラムの参加者にこう呼びかけました。

よかったら、一度辿って読んでみてください。被害後の人生の壊れ方も、ひとそれぞれだったりします。でも、どれも、悲惨です。そういう加害行為を、みなさんは為してしまった。被害当事者にとってそれはもう、赦せないことが大前提にあって当たり前なのかもしれません。

——2019年9月　にのみやさんからの手紙

このハッシュタグは一過性のムーブメントに終わらず、2024年の現在に至るまで続いています。被害者にとって〝その後〟は、生きている限りずっと続くものですし、悲しいかな、新たな被害者は日々生まれています。

前回のお手紙で「#性被害者のその後」をちょこっとだけ紹介しましたが、その後自ら辿ったり調べたりされた方っていらっしゃいますか？　調べてみてどうでしたでしょうか？　どんなことを感じられましたか？

あの「#性被害者のその後」は、とある被害者の方が、「加害者の方々は被害者のその後をほとんど知らない」と私が話したことがきっかけで、「加害者の人たちに自分たち被害者の現実を伝えたい」という強い思いをもって作られたハッシュタグです。だから、みなさんに実際に辿ってもらうことにとても意味がある、意義があるものなんです。まだ自ら辿ってはいない、という方、ぜひ、自分で辿ってみてくださいね。もちろん、しんどかったら深呼吸したり休み休みでいいので、時々見返してみてください。被害者の、切なる願いが込められたハッシュタグです。

――2020年11月　にのみやさんからの手紙

「#性被害者のその後」、ほんの少しのご紹介で申し訳ないのですが、検索するとあっという間に何十件何百件と出てきます。こんなにも多くのひとたちが今も性被害のその後を生きている現実を見せつけられます。被害者には、被害と被害その後があるのだということ（加害者にもそれがあるように!）、どうか、いつも心の片隅に置いておいてほしい。そして、一日に一分でいいから、被害者の被害その後について、思い巡らしてほしいです。あらためて私から、お願いします。

――2022年10月　にのみやさんからの手紙

「自分で辿ってみてください」という呼びかけが、一つのポイントだと私は思っています。

ＳＮＳに自分でアクセスしないと、一連の投稿は読むことができません。加害者にとって、被害者の〝その後〟は積極的に知ろうとしない限り〝見えないもの〟あるいは〝ないこと〟になっているものです。それは、加害者にとって、だけではないのかもしれません。社会で生きる私たちにとって、ふだん何気なく目に入ったり、日常的に話されたりしているものではない。目を逸らそうと思えば簡単にそうできてしまうもの、でしょう。

加害者は誰よりも被害者のことを知る必要がある、と私は考えています。ハッシュタグには多くの場合、顔も本名もわからない被害者の〝その後〟が綴られています。それを読み、「自分は性暴力によって被害者から何を奪ったのか」を考えてほしい。にのみやさんは参加者に、そう呼びかけているのです。

加害者が取り組む三つの責任

被害者のことを知る、そして忘れない。これは加害をした者にとって「責任」であると言えます。加害者臨床では、彼らには三つの責任があると考えられています。

一つ目が「再発防止責任」。もう二度と性暴力をしない、というのはしごく当たり前のことですが、彼ら自身もそのことを強く望んでいます。それは被害者のことを考えてというより、逮捕や受刑への恐怖からであることも多いですが、それでもこれまで日常のなかで何百回、何千回と反復してきた加害行為を手放すことは簡単ではなく、この責任をまっとうしようとする努力には意味があると思います。再犯防止プログラムのための通院を続けることも、この再発防止責任の一端に相当します。

二つ目が「説明責任」です。なぜ自分はあんなに酷い加害行為をしたのか。なぜ性を使った暴力でなければならなかったのか。自身がしたことであるにもかかわらず、彼らは、驚くほどそれを語る言葉を持っていません。プログラムを通して、または取り組みが進んでいる同じ問題を持っている仲間とともに言葉を獲得し、自らの加害行為を振り返って、それを自分の言葉で他者にわかるように語れるようになる……そうなるまでには、いくつもの「変化の際に生じる痛み」を乗り越えなければなりません。彼らには、そうしなければならない責任があります。

最後が、「謝罪と贖罪《しょくざい》」です。これについては第4章で詳しく解説したいと思います。強迫的性行動に耽溺《たんでき》する、行為依存という問題に陥ってしまった。であるならば、そこから回復する責任があります。そうでなければ、彼らはいつまでも加害者のままであり、新たな被害者を生む可能性があります。加害行為を止める責任は、彼ら自身にあります。

三つの責任はどれにおいても、その人のなかに被害者が不在のままでは果たせません。

これは私たち加害者臨床に携わる者も肝に銘じておくべきことで、私たちにとっては加害行為をしてきた彼らがクライエントであると同時に、その背後に数えきれない被害者がいることを常に意識しなければなりません。そういう意味では被害者もまたクライエントであると捉えることから、加害者臨床は「ダブルクライエント構造」を基本としています。

加害者には、いろいろな〝区切り〟があります。彼らが何より恐れてきたのは、逮捕です。逮捕さえされなければ〝成功〟だと考えます。しかし被害者が被害届を出し警察の捜査が始まっても、加害者を特定できないことがあります。そのまま時効を迎えることもあります。日本の刑法において時効は、２０２３年の改正で5年延長されましたが、18歳以上の成人の場合、不同意性交等罪で15年、不同意わいせつ罪で12年です。諸外国と比べてとても短く、被害を受けた人が直後に被害届を出せない事情を汲んで再検討が必要だという声が多くあります。

時効を迎えれば、検察が起訴できなくなる、つまり加害者を処罰することができなくなるので、彼らからすれば「逃げ切れた」ということになります。それを彼らは、自分のしたことが〝なかったことになった〟と受け取るのです。

また逮捕されたとしても、示談が成立したり不起訴と判断されたりすれば、それを「終わった」ことと感じる加害者は多いです。もちろんそれは錯覚に過ぎないのですが、加害者側にはこの程度で済んだという〝負の成功体験〟として蓄積されます。起訴されて被告人として法廷に立ち、執行猶予がつけば、その期間中は「再犯してはいけない」という意識を比較的強く持てますし、再犯防止プログラムに通う人のなかには、それが治療継続の動機づけとなっている人もいます（もちろん、それでも再犯することはあります）。しかし期間が満了する前後になると、再犯しないというモチベーションが揺らいでしまうのか、リスクがにわかに高まります。あとちょっとで執行猶予が明けるタイミングで再犯した人を、私は何人も見てきました。

実刑判決が出れば、刑期が終わるとき、つまり出所直後が大きな区切りとなり、これまたリスクが高まります。出所後すぐの再犯は、要注意なのです。刑務所内では特別改善指導の一環で、通称「R3（アールスリー）」といわれる性犯罪再犯防止指導がありますが、これは性犯罪事件で受刑している全員が受けられるものではありませんし、受ける資格があっても拒否する人もいます。刑期を終えて出所するときは、文字通り「お務めを終えた」と感じる人がほとんどです。世間的にも「罪を償った」といわれます。

加害者にこうしてさまざまな区切りがあるのに引き換え、被害者に区切りはありません。混乱と困難からいくぶん抜け出せるときが来るとしても、それがいつかはわからず、何十年も先かもしれません。抜け出せたと思っても、また引き戻されることも多いのです。プログラム参加者が、にのみやさんに手紙で次のように書き綴ったことがあります。

あらためて、被害者の方は、どれだけ時間が経っても、苦しみは続くんだと言う事を目の当たりにしました。一度の被害であっても、それを一生引きずってしまう。そう思うと、かなり厳しいし、不公平な物だと感じます。と言うのは、加害者側が、所定の刑事罰が終了したり、民事上の責任（たとえば示談金など）を果たすと、一応、するべきことをしたという風になります。そして多くの人が、事件のことを忘れて、前進して行こうとすると思います。この差が不公平と感じます。

——2019年3月　にのみやさんへの手紙

これを書いた参加者に対して、にのみやさんはまず「メッセージありがとうございます」と書き、こう続けます。

Kさんは、加害者はたとえば所定の刑事罰が終了したりすれば事件のことを忘れ前進していこうとするけれど、被害者はそうじゃない、この差が不公平と感じる、と書かれていましたね。私も思います。加害者に時効はあるけれど、被害者に時効はない、と。

加害者にとって、責任や償いが「もうし終えた」ものになったとしても。被害者にとってはそれは、決して「終わった」ことではないのです。一度被害に遭ってしまったら、被害者のその後の人生は丸ごとひっくり返ります。そのひっくり返った人生は、二度と元には戻らないのです。

Kさんのおっしゃるように、どうか、どんなに環境が変わってゆこうと、二度と再犯しないで生きていくことを、守り通してくださいね。

——2019年4月　にのみやさんからの手紙

「加害者に時効はあるけれど、被害者に時効はない」——これは2017年7月、対話プログラムの第1回目に、参加者50名を前にして、にのみやさんが投げかけたメッセージでもあります。被害の影響で手放したり諦めたりしなければならなかったことがたくさんあるということの重み、それがこの先もずっと続くのかもしれないという絶望。それを被害者にもたらしたのは誰かということを、プログラム参加者は一時《いっとき》も忘れてはいけない。そんな強い訴えをにのみやさんから感じました。参加者には、どう響いたでしょうか。

被害者を襲う「記念日反応」

被害者の区切りを強いて挙げるとしたら、「記念日反応」がそれにあたるように思います。ＰＴＳＤにつながる出来事――ここでは性被害に遭った日が近づくと、気分が塞がったり抑うつ状態になったり体調を崩したりといった、心身の不調が症状として出ることをいいます。毎年経験する人も多く、なかにはその時期に病院やカウンセリングの予約を入れておいたり、仕事をセーブしたりなど、あらかじめ備えておく人もいるようです。日常生活に支障が出るケースも多いとわかっています。

にのみやさんの記念日は１月にあります。先述した、階段を降りている途中に解離が起き落下してしまったのも、記念日反応によるものでした。

冬。みなさんにとって冬はどんな季節ですか？　私にとっては、被害に遭った季節です。１月のある夜、私は被害に遭いました。だから、１月が近くなってくると、徐々に徐々に具合が悪くなってきます。そういう反応を「記念日反応」と言います。みなさんにとっても記念日反応があると以前お聞きし、驚いたことを今も覚えています。私たち

被害者にとっての記念日反応というのは、その日が近づくにつれ、フラッシュバックや体の不調が酷くなって、ともかく具合が悪くなります。自分が穢《けが》れているという感覚も強くなるし、体中が強張り、吐き気などにも襲われます。私にとって冬は、そういう季節です。

――2020年11月　にのみやさんからの手紙

記念日反応がもう始まっている私は、睡眠時間が細切れになっています。一日ほぼ2、3時間しか寝れないのに、それが細切れになるとさすがに身体が痛みます。身体の痛みが酷くなると憂鬱度も増します。でも日常は待ってはくれないので痛み止めを飲むことになります。何処《どこ》に出掛けるにも痛み止めを持っていないと不安な今日この頃のにのみやです。

――2020年12月　にのみやさんからの手紙

今年も12月に入ったあたりから、離人感が強くなり、常に自分の体からふわふわ自分が浮いているような、つまり宙に浮かんでいるような感覚があります。日常を生きているはずなのにどこか非日常にも感じられます。風船みたいな、そう、かろうじて私の（体の）手に紐がひっかかってはいますが、私は私の体から離れ風船の中にいるかのような、そんな感じ。
ありとあらゆることが、実感が薄く、だからたとえば、これ普通に考えたらショックだよなーなんて言う事柄も、あーそうなんだー、みたいにふわふわ、すーっと、過ぎて行ってしまう、そんな感じです。

——２０２２年12月　にのみやさんからの手紙

毎年11～2月の手紙で記念日反応のことが綴られるので、対話プログラムに長く参加している人はそれをしっかり記憶しています。ここ2、3年は12月になるとにのみやさんの体調を心配するメッセージを書き添える参加者が何人もいます。

被害者と加害者に共通する現象

対話を重ねるうちに、この記念日反応こそが、参加者が被害を知るうえでキーワードとなることがわかってきました。というのも、質的には異なりますが加害者にも同様の反応があるからです。

私の記念日は職場で私の問題行動が発覚した日（そこから事件の決着がつくまでの数日間）です。反応は、テレビのニュースで自分の問題行動に類似した事件の報道を観た時と似ていて、胸の中心がズンッと重たくなる（鉛《なまり》の塊があるような感覚）感じです。自分がした罪を自覚しているのだな、と俯瞰して考え、心を落ち着かせます。

――2023年1月　にのみやさんへの手紙

彼らにとっての記念日は加害をした日ではなく、ここで紹介したように加害行為が周囲に発覚した日、逮捕された日、裁判で判決が出た日であることが多いです。自らの犯罪がきっかけで、離婚した日を記念日にあげた人もいます。身勝手な話だと思われるかもしれませんが、逮捕は彼らにとって最もインパクトのある出来事です。警察官からかけられた声や手錠の冷たい温度や感触だけでなく、そのときの気温や周囲の音も記憶に刻まれています。

その時期が近づくと、自分は当時を思い出しているのだとはっきり認識するより前に、心身が反応してしまう。これもまた、記念日反応と呼ぶべきものであると私たちは考えました。自分の身に起きることであれば、その延長線上として他者、なかでももっとも遠いところにいると思われる他者＝被害者のことも、リアリティをもって考えられるようになるのではないか。

実のところ、被害者と加害者の両者に共通して起こる現象は、記念日反応以外にもいくつもあります。被害者と加害者は、真逆の立場であることは間違いありません。当然、見舞われる出来事のほとんどが非対称的です。しかしたとえば、

- 記念日反応がある
- 偏見の目で見られ、社会から孤立する（白眼視される）
- 排除や孤立化が、立ち直ろうとするときの阻害要因となる
- 周囲の人間から責められ、対人関係に支障が出る
- 就業しにくく、経済的自立ができず貧困に陥ることがある
- 恋愛関係、結婚に支障が出る

といったことなどは、被害者、加害者のどちらにも起こり得ます。被害者と加害者とで背景にあるものは真逆なのに、偏見や孤立といった、表に出てくる現象は似たものになるということです。

もちろん、性加害によって尊厳を踏みにじる人間がいなければ被害者は生まれませんでしたし、そこに共通する現象があっても、その意味合いから、それに対して取られるべき対策まで、決して同じにはなりません。しかし私はこれらの共通点を見ると、〝性暴力〟という事象そのものを取り巻く問題が被害者個人、加害者個人ではなく、社会にその根っこがあって発生しているのだと思わずにはいられません。

殺人事件や強盗事件であれば、被害者が「被害に遭った側も落ち度があったのではないか」「むしろ自分から誘った可能性もある」といった言葉で責められるとは考えにくいでしょう。性被害者に対する偏見が根強いという悲しい現実が、今の日本社会にはあります。

社会のなかで被害者がどのように扱われているか、それを受けて被害者がどんな想いでいるかを考えることも、〝被害者のその後を知る〟に含まれると考えます。

２０２３年１月のプログラムでは、にのみやさんへの手紙のなかで「あなた自身の記念日はいつですか。その日はどんな反応が起きて、それをどのように対処していますか」と問いかけました。

　私の記念日のひとつは１月です。二度目となる逮捕日であり、兄が亡くなった日です。兄が私に〝償《つぐな》え〟と言い残した感じがしています。毎年その頃に思い返します。ただ、私としては「反応」だとは考えていきません。傷つきがない加害者は、記念日を〝設定〟してるだけだと思うのです。自らがしたことを忘れないために設定した記念日です。被害者の方々と同じとは考えづらいです。

逮捕された日、判決日、妻に知られた日が自分にとって忘れられない重要な日です。まだ1年経っておらず反応を感じることはありませんが、今でも昨日のことのように毎日振り返っています。二度と再犯しないで生き抜けるように、これからもあの日のこと、そこでの感情を思い出し大事にしていきたいと考えています。

私の記念日は、事件を起こしてつかまった4月と、逮捕された1月。まだ迎えていないのでどんな反応が出るかわからないが、私の場合は被害者をうみ出し、支援者を裏切ったことに対する自責と後悔を感じると思う。

自分がはじめて問題行動をした日です。記念日反応と呼べるほどの大きな変化はありませんが、5年前の今日、自分は人の道を踏み外したのだという強い実感を持ちます。そこから人生が止まっているような感覚です。スリップしない日数を重ねることが加害者にはできるので、粛々とそれを積み重ねようと思っています。

強いて言えば、警察の取り調べを受けた日です。ただし、その時使っていた帰り道と同じ道を今も使っているため、後ろに同じ人がいて、ずっといるとマークされているのでは？とすごく不安になります。きっと被害者も同じような気分なのだろうと気づかされました。

――2023年1月　にのみやさんへの手紙

ここで紹介したのは、比較的長く対話プログラムに取り組んでいる参加者です。加害をしていた自分にとっての記念日とは、被害者のことを想い、再犯しないという決意を新たにする節目だと感じている――そんなふうに書いた参加者も一人や二人でないことに、私は対話プログラムを続けてきた手応えを感じました。

にのみやさんはときおり冗談交じりに、「斉藤さん、彼らはいい方向に向かっているのですかね？」と私に訊きます。行動変容のスピードは人によって違いますが、会うたびに変化していると感じられることはあまりありません。加害者臨床とは「三歩進んで二歩下がる」ことの繰り返しだと感じます。好ましい変化が見られたかと思えば、また彼らのなかから被害者の存在が抜け落ちたり、自身の加害行為を他人事のように話したり、ときにこちらがギョッとするような発言をしたり……ああ、また数歩後退した、と思わされます。それでも、対話プログラムを始めたばかりの頃であれば、熱意をもって取り組んでいる人からも、加害者の記念日反応について先のような記述は出てこなかったように思います。にのみやさんが折に触れて「一日一分でもいいから、被害者のことを思い出してください」と呼びかけつつ、自身の被害、そして被害後の諸症状をつぶさに語り、生の声を届け、彼らの声にも耳を傾けてきたからこその、言葉の数々なのではないでしょうか。

被害者も、加害者を知る

このように対話プログラムでは、にのみやさんが〝加害者を知る〟瞬間にもよく出くわします。対面で交わす言葉によって、そのときの表情や反応によって、そして手紙に綴られた文章によって、にのみやさんだけでなく私も「加害をしてきた人には、こんな一面があるのか」と気づかされるのです。彼らもまた、にのみやさんに向けて生の声を発信しています。なかには、これを目の前にいる被害当事者に直接言うのはどうだろう、と眉をひそめてしまうような発言もあります。しかしそんなときこそにのみやさんは、「教えてくれてありがとう」「率直に書いてくださってありがとう」と返します。これは、プログラムの第1回目で、居並ぶ50人の参加者を前に「来てくれてありがとう」と言ったのと、同じ意味を持つものだと私は受け取っています。こうしたやり取りを見て思うのは、被害者もまた、加害者を知らないということです。

にのみやさんは被害に遭ってからの人生を、「なぜ自分がこんな目に遭ったのか」「なぜ私だったのか（Why me?）」という疑問とともに生きてきました。これに応えられるのは、実際に一人の人間を〝ターゲット〟とし、加害行為を行ってきた彼らしかいません。そして対話を続けるうちに、にのみやさんのなかには新たな問い――「なぜ性を使った暴力でなくてはならなかったのか」も生まれました。

性被害当事者だけでなく社会もまた、性加害者のことを知りません。性暴力の根絶は難しいといわれます。それにはいくつもの理由がありますが、この「加害者のリアルの知られてなさ」が重要な意味を持っていると思います。

「性欲を持て余して痴漢した」「モテないから女性を襲うしかなかった」「モンスター」など、いまだ残っている性加害者のイメージは偏見でしかありません。誤った加害者像が広まれば広まるほど、真の加害者の隠れ蓑《みの》になってしまいます。姿を見せないまま加害行為を続ける彼らを止めるためにすべきことが、対話プログラムを通して見えてきました。

加害者は、取り繕うのが得意です。先にお話ししたように、隙あらば自身がしたことを過小評価しますし、手紙でも「正直に書く」のではなく「評価されるようなことを書く」参加者をよく見ます。要は、模範解答です。それが、にのみやさんから「ありがとう」と他者を尊重する姿勢で言われることで、彼らにも変化が出てきたと感じます。自身の本音や正直な気持ち、まだ誰にも話していないことを書いても大丈夫なんだ——加害者が自らその存在を明かし始めた、といってもいいでしょう。つまり、プログラムを続けたことで、「加害者とは誰か」が本人たちから浮かび上がってきたのです。

したことと向き合えない加害者

対話プログラムの参加者を見ていると、性加害を繰り返してきた人たちは、こんなにも自分自身と向き合えないものなのだと思い知らされます。具体的には、自身がしてきた加害行為と、それによって他者を傷つけたという事実に向き合えない、ということです。積極的に参加しプログラムに意欲を見せている人でも、自分と向き合う段階になると、変わることへの反発や抵抗感から二の足を踏んでしまう様子が見て取れます。

それでも、彼らには向き合わなければならない理由があります。それは、今現在は問題行動をストップできていて、再犯していないとしても、加害をしていたときと変わらないパーソナリティで生きていれば、再犯する日がいつ来てもおかしくないからです。内面が変わること、何があっても加害行為を選ばない人間へと変容すること、周囲を傷つけない日々を送ること――自分と向き合わないままではこれらは実現できません。

とはいえ、人はそう簡単には変わりません。これには共感を覚える人が多いのではないでしょうか。変えたほうがいい、変わらなければならないと思うほど、行動変容のハードルは上がるものです。

加害者臨床では、参加者の内面、つまり加害者の責任性に最初からアプローチをするとかえって防衛的になり引っ込んでしまうといわれています。再加害率が高まるリスクがあるという研究報告もあるくらいです。巣穴にいる動物を外から棒で突くと、穴の奥へ奥へと逃げていくのと似ています。効果的な変容を促すには、段階を踏むことになります。私が「加害者臨床における変化のステージモデル」と呼んでいるものです。

再犯防止プログラムは大きく分けて、①認知行動療法で、ハイリスク状況、トリガー、対処法について学び、自己制御するためのスキルを身につけるステージ、②セルフトーク（自己対話・セルフモニタリング）のテクニックを学び、自分なりの〝認知の歪み〟への対応方法を習得するステージがあります。③加害行為の責任に向き合う、被害者感情の理解に取り組むステージは、①②のステップを踏んだ先にあると考えています。

同プログラムに長く取り組んでいながら、①のステージに留まっている人もいれば、再犯こそしないものの②のステージで悪戦苦闘している人もいます。②まで進んだのに、また①に後退する人もいます。ひとつ言えるのは、①から②に比べると、②から③への段差は彼らにとってとてつもなく大きなものだということです。

クリニックにつながり、通院している彼らには少なくとも「弱い自分と向き合いたい」「再犯したくない」という意思があると私は受け取っています。では、彼らが自分と対峙するのを阻むものとは一体、何なのでしょうか。

いつまで逃げればいいのか

参加者のなかには、自分自身と向き合うことを望んでいない人もいます。再犯していないのだから、それで十分という考えです。再犯しないことは、何より大事です。おそらく、被害当事者も社会もそれを一番に望んでいるでしょう。しかし、それだけでいいのでしょうか。対話プログラムでにのみやさんはこのように呼びかけます。

みなさんのお手紙を読んでいて、やはり、みなさんが自分自身や自分の罪と向き合うことから逃げていらっしゃるのだなあ、それが辛いのだなあ、しんどいのだなあ、とあらためて感じました。でも。

じゃあ、一体、いつまで逃げればいいのでしょうか？

どこまで逃げたら、逃げ切れるのでしょうか？

たぶん、どこまでいっても、みなさんが犯した罪からみなさんが逃げ切れることはないと私は思います。だからこそ、もう逃げることなく、きちんと向き合ってほしい、今ここで。そう、思っています。願っています。

自分の被害者の顔を覚えている人、覚えていない人、それぞれいらっしゃることを今回あらためて知りました。覚えている人はぜひ、記憶を呼び起こし、正面から向き合ってみてください。そして、今その被害者がどんな表情を浮かべているのか、想像してみてください。

覚えていない人は、今自分にとって最も大切な人が被害に遭ったらを想像してみてください。大切な人は一体どんな表情になるでしょう。どんな表情を浮かべているでしょう。そんなもの見たくない、怖い！と思うかもしれません。でも、恐怖は、目を逸らせば逸らすほど、大きく肥大していきます。恐怖をこれが自分の恐怖なのだ、その正体なのだ

――と見据えた時はじめて、ひとは恐怖から解放されるものです。

――２０２１年４月　にのみやさんからの手紙

いつまで逃げればいいのか――この言葉を理解するには、被害当事者であるにのみやさんがいう「逃げる」の意味をわかっていないといけません。

　性暴力の被害者は、その事実から逃げることができません。心身に大きなダメージを受けたことで、ＰＴＳＤのために通院することになったり、人間関係がうまくいかなくなったり、仕事を辞めざるを得なくなったり、社会生活全般に影響が出ます。いつ回復するかわからないだけでなく、生涯回復しない可能性もあります。逃げられるものなら逃げたい、被害を受ける前の人生に戻りたい、それができないから長く苦しみます。

　２０２２年にＮＨＫがインターネット上で行った大規模調査では、３万７０００件以上の性被害が報告されました。うちＰＴＳＤと診断された経験がある人は約３％と少数でしたが、寄せられた「被害の〝その後〟に起きたこと」を専門家が分析したところ、全体の54・１％にあたる人が「ＰＴＳＤの診断がつくほどの状態である」という類推《るいすい》が導き出されました。被害の影響を強く受け、心身を見舞う数々の不調から逃れられない状態にありながら、何かしらのハードルがあって支援や治療に辿り着けず、一人で抱え続けている被害当事者がいかに多いのかが、見て取れます。

対して、加害者はどうでしょう。加害したときのことを性的ファンタジーとして再生し自慰行為に使う加害者もいますが、多くは先述したように加害記憶をあっさりと忘却します。〝なかったこと〟にするのが得意で、そうすることで自分のしたことから逃げまわります。一方で、過去に性犯罪での逮捕歴が複数回ある者の再犯率が高いことはよく知られています。それはこの加害記憶の忘却と決して無関係ではないでしょう。再犯防止のためクリニックに通院している彼らには少なくとも「これ以上、再犯したくない」という動機がありますが、それと「自分の問題や責任から逃げたい」という気持ちは簡単に両立します。

クリニックに通院する／したことがあるのは、加害行為をした人の氷山の一角です。被害者の出した被害届が受理されなかった、受理はされたけれど立件されなかった、示談に終わった、不起訴になった、裁判で執行猶予がついた……さまざまな理由で、取り返しのつかない加害行為をしておきながら被害者が裁判で望む「できるだけ長く刑務所に入っていてほしい」という希望からほど遠い結果になるケースは、山ほどあります。

そうして放免されれば、自身がした加害の記憶を辿る機会はほぼなく、自分自身と向き合う機会もありません。逮捕は怖いと思いながらも、加害行為に耽溺する日々に、あっさりと戻る人もいます。

実刑判決を受けた人はどうでしょうか。出所するときは刑務所には二度と戻りたくないと思うものですし、再犯は金輪際しないと考えます。けれども、金なし、ヤサ（帰住予定地）なし、ガラ受け（身柄引き受け人＝家族やその他のつながり）なしで満期を迎える者もいます。そんな状態で出所しても、どこでどうやって暮らせばいいかわからず、一人で不安に苛まれる。いつ行動化するかわからない欲求を抱えているのは、時限爆弾を首からぶら下げて生きるのに似ています。そんな自分からは逃げたほうが楽だと考えるのは、ある意味自然なことです。その後は、自分自身から目を逸らして生きていくことになり、再犯のリスクだけが高まります。まして、今のところ逮捕どころか、発覚もしないまま加害行為を繰り返している人がどれだけいるかわからないほどです。なかには、痴漢行為を「ちょっと触るだけだから」と思ったり、相手に性行為を強要しながら「向こうにもメリットがある」と思い込むなど、加害行為をしている自覚すらない加害者も、大勢います。

手紙でにのみやさんがしているのは、「責任」の話でしょう。再犯防止プログラムに取り組む彼らには、自分がなぜ加害してしまったのかを自分の言葉で正直に語る「説明責任」、他者への加害となる問題行動を繰り返す自分から、そうしなくとも生きていける自分へと変容する「再発防止責任」があると、先に解説しました。いずれも、逃げていては果たせません。日々その責任に向き合い、本気で生き直しに取り組まない限り、彼らのこの先の人生は、ただ「再犯しない」ことだけを考えて歩んでいくものになります。

にのみやさんには被害当事者の一人として、それでは納得いかないという想いもあるでしょう。しかしここでは彼ら自身のこととして、正面から問いかけているのです。この先の人生、それでいいの？　加害者である自分のまま生きていくの？　と。

にのみやさんの手紙に、「怖い」「恐怖」という語が出てきました。自分が何か悪いことをしたとき、それと向き合うのに怖さを感じることと自体は、多くの人が共感できることだと思います。自分自身のなかにあるネガティブな部分を掘り起こしていくと、これまで信じていた何かが崩れ去ってしまうかもしれない、自分自身を否定せざるを得なくなるかもしれない……想像するだけで怖くなります。たとえ加害につながる間違った価値観であっても、長いあいだその人の核にあったものを手放すのは、容易なことではありません。いえ、本音を言うと、手放したくない、加害行為を続けたい――「逃げたい」という加害者心理の背景にはそんな心情もあるように思います。

対話しなければ辿り着けない場所がある

対話プログラムの参加者に対し、「あなたが今まで逃げて向き合ってこなかったことを一つ書いてください。また、そのことについて今後はどのようにしていくつもりですか？」と投げかけたことがあります。

「加害行為をしてしまったこと」です。今回のお手紙でもありましたが、どうしても逃げたい、許されたい、と思ってしまい、「私を殺せば心が晴れるなら殺してくれ」というような気持が出てしまっていました。「こんな自分が生きていてもよいのだろうか」とも。そうじゃないだろとわかりつつも、うまく言語化・行動化できていませんでしたが、お手紙のなかで「更正」ではない、「更生」という言葉ではっとしました。更生、し続けなければ、と感じました。「更生」は、自分の意志でしかやり遂げられない気がします。

ウソをつき続け、問題行動をやっていたことです。すべてのことをKP（＊）に打ち明け、こことのつながりをしっかり持つことや、過去の自分の振り返り・行動などを一つひとつ自分のなかで考え向き合い、忘れない、毎日続けていくこと。少しの変化でもKPに話し、自分からSOSを出していく。足りていない部分を、学習・感謝の気持ちを忘れない・誰からでも見られている自覚や覚悟、を、死ぬまで考え続けていく。

＊KP＝キーパーソン、回復の道のりを伴走してくれる人　①過去の犯罪歴、問題行動について知っている　②危ないときのSOSや再犯時のカミングアウトを受け止められる　③トリガーにならない、の条件を満たした人がなれる

クリニックへ来るまではやはり自分の問題行動に対して向き合っていなかった。というより、向き合い方が解らなかった。そして今は、向き合う方法を学び、一日一日、昨日も今日も、再犯しない自分に出会えるようになったし、明日も明後日も会いにいきたいです。

クリニックにつながるまでは、性依存症と自分が犯した罪から逃げていた。「一人で治せる」と思ったり、反対に「どうせ治せない」と思ったり。傷つけた人たちのことをまったく考えず、勝手に治療できない（しない）言い訳を作り逃げ続けていました。そのことに気づいた今は、もう逃げる選択肢はない。向き合い考え続け生き続けたいと思っています。

――2021年6月　にのみやさんへの手紙

過去にしてしまった加害行為、現在も引っ張られそうになる加害行為への欲求、すべてを投げ出して逃げてしまいそうになる自分……。多くの参加者から同様の回答がありました。再犯防止プログラムでも対話プログラムでも、逃げてきた過去や、今も内心で逃げたいと思ってしまう心情自体を直接否定されることはありません。正直であることがよしとされているため、彼らは安心して本音を書き記すことができます。

特に被害体験のある人が読むと、許しがたいと感じられるでしょう。しかし、この対話プログラムでは、その〝逃げたい気持ち〟を言語化すること自体に意味があります。私たちスタッフとにのみやさん、そして彼ら自身が、「自分にはそうした弱いところがある」と確認できるからです。書いてもらわなければ知ることができないし、知らなければ一緒に考えることもできません。

ここで注目してほしいのが、「向き合い方が解らなかった」『一人で治せる』と思った」という部分です。逃げたい気持ちを抑えてなんとか自分を奮い立たせても、具体的に何をどうしていいかわからず立ちすくむ。じゃあやっぱり逃げてしまったほうが楽だ……そんな葛藤が表れています。「向き合い方が解らない」については、にのみやさんも「ああ、そういうことあるよなあ」と返していました。

自分のことを自分一人でとことん突き詰めて見直し、内省し、言葉にしていく……これは、誰にとっても難しいのではないかと思います。私もそれを上手にできる自信がありません。まして性加害をやめることを目的にクリニックに通っている人たちは、自分自身を語ることをとても苦手としています。特に、自分の弱いところ、恥ずかしいところを言葉にするという経験をこれまでの人生で避けてきました。これは加害行為をしてきた人たちのみならず、男性全般にいえる傾向ではないかと思います。

では、どうすれば自分と向き合えるのか。みなさんには、こんな経験がないでしょうか――誰かに愚痴を聞いてもらっているとき、自分の発言に「あっ、自分はこんなふうに考えることもできるんだな」「自分にもちょっと悪いところがあったかもしれない」と気づかされる。

さらに相手からフィードバックがあると、一つのことを別角度から考えることができる。そうするとまた新たな「自分はこんなことを考えていたのか」という発見がある。それを繰り返すうちに、自分のなかでまとまらずにモヤモヤしていた気持ちや思考が整理されていく――愚痴を聞いてもらい「スッキリした！」というとき、多くがこのプロセスを踏んでいるはずです。単に吐き出して楽になったというのではなく、自分のモヤモヤの輪郭がクリアになった、という感覚があると思います。

人に聞いてもらうことで、自分自身と向き合うきっかけをつかむ。ただ、そのためには相手に伝わるように話さないといけません。言葉を選び、相手が知らないであろうことには説明を加えます。最初から完全に理解してもらおうとする必要はなく、相手から「それはどういうこと?」といったフィードバックがあればさらに説明を加えます。そうした作業を重ねて、初めて自分の言いたいことがまとまってくる。一人では辿り着けないところに到達できるのです。私は、それが対話のメリットのひとつだと思っています。

回復が一人では不可能な理由

他者への性加害を幾度となく繰り返してきた人たちには、嗜癖《しぎゃく》行動としての側面があります。これは、痴漢や盗撮といった、強迫的性行動への耽溺ともいえます。依存症は〝孤独の病〟といわれており、そこからの回復は一人では不可能です。一人で抱え込んでいるうちは、問題行動が一時的に止まっても、いつかまた再発します。誰かとつながり、自分と向き合えるようになった先に、回復の道が拓けます。

対話プログラムでは、にのみやさんに向けて手紙を書きます。私とにのみやさんとで考えた問いを投げかけ、参加者それぞれが回答する、という形の往復書簡ですが、気持ちとしてはにのみやさんと一対一で対話している人が多いと思います。問いへの答えを考えるにも、それを与えられた用紙に手書きするにも、参加者らは真剣で、スタッフとして立ち会っていても目を瞠《みは》らされるものがあります。

書いているあいだに忘れないでほしいのは、「これで、にのみやさんに伝わるだろうか」という視点です。相手――それも加害行為をしてきた自分たちとは真逆の立場にいる、〝被害者〟に伝えることができるのか。

２０２２年にアメリカの映画『対峙《たいじ》』が日本で公開されました。ある高校で銃乱射事件が発生。犯人は同校に通う男子生徒で、同級生に複数の死傷者を出した後に、自死しました。物語はひとつの部屋に、犯人である少年の両親と、銃弾を受けて死んだ男子生徒の両親が集まるところからスタートします。実に緊迫したシチュエーションです。これが、実際にあった〝対話〟をベースにして制作された映画というところに、私は驚きと感動を覚えました。

また同じく２０２３年、老舗劇団の俳優座が、オーストラリアで発表された脚本をもとに『対話』という演劇作品を上演しました。修復的司法が中心的なテーマに据えられた演劇というのを私はそれまで聞いたことがなく、なんてチャレンジングな試みなのだろうと感じました。性被害を受けたうえに殺害された女性の両親と、加害男性の家族が対面します。加害者は現在服役中なので、場に姿を表したのはその母親、妹、弟、そして叔父（母の兄）でした。進行役としてソーシャルワーカーと思しき男性、そして刑務所で加害者のカウンセリングを担当した心理士の女性も同席しています。こちらも、実話をもとにした作品だそうです。

両作とも、非常に示唆《しさ》に富んだ作品でした。相反する立場にいる者同士の対話はどのように始まり、どのように進んで、どこに着地するのか。当初、被害者家族は大事な存在を失った悲しみ、辛さ、悔しさ、それをもたらした加害者（と加害者家族）への恨み、憎しみ、反発を強い言葉でぶつけます。加害者家族にも言いたいことはあり、しかし両者の話している内容は一向に噛み合わず、平行線を辿ります。それぞれが置かれた立場を考えると、そりゃそうだ、と多くの人が思うでしょう。わかり合えるはずがない、と。しかしお互いが胸に抱えているものが何もかも正反対なのかというと、決してそんなことはないのだと、話が進むにつれ、あきらかになっていきます。

被害者家族にしろ、加害者家族にしろ、父親と母親では、自分たちの子どもに向けていたまなざしも、事件についての想いも、子どもを失った後の気持ちも必ずしも一致しません。その違いは相手の家族と対話をするうちに、徐々に浮かび上がってきます。自分の悲しみだけで精いっぱいだった人たちが、「妻／夫は、こんなふうに考えていたのか」と気づくのです。被害者家族と加害者家族の母親同士が互いを理解し、シンパシーのようなものを感じる瞬間もあります。

自分のなかに、同じ悲しみを抱いているはずの家族とわかり合えない部分がある。自分のなかに、真逆の立場の人とわかり合える部分がある。対話から得るものに正解も不正解もありませんが、それをする前と後では、子ども、そして子どもが加害者／被害者になった事件、さらには家族との向き合い方に必ずや変化が生じます。自分自身との向き合い方も同じではなくなるでしょう。

対話には、そうした変化をもたらす力があるということです。

加害者にも「解離」があるのか？

この、修復的司法、修復的対話がテーマの2作品に私はたくさんの示唆と勇気をもらうと同時に、加害者家族ではなく、加害をしていた当事者が自分と向き合うには特有の難しさがあることも痛感しました。対話は、一人でするものではありません。相手の話を聞く必要があります。でも、彼らはまず「聞け（聴け）ない」のです。そのことを私たちに教えてくれたのが、先に少し触れた「のっぺらぼう現象」でした。

これは、にのみやさんが自身の被害について話し始めると、参加者の顔から表情がスッと消えることを言います。私はプログラム中、にのみやさんの話を聞いている参加者の様子をつぶさに観察しています。すると、ほぼ全員が一斉に表情を無にするのです。聞きたくないという気持ちが顔に表れているのではなく、困惑しているのでもなく、表情が〝なくなる〟というのがもっともぴったりの表現です。お話をされているにのみやさんも当然気づいていて、私たちはこれを「のっぺらぼう現象」と名づけました。

参加者に伝えたところ、だいたいの人が不思議そうに首を傾げました。のっぺらぼうになっているという自覚がないのです。そこで、にのみやさんは、ジブリ映画『千と千尋の神隠し』に登場するカオナシの絵を描き、「みんなこんな顔をしているんですよ」と伝えました。彼らには自身の顔が見えておらず、カオナシになっている自覚もなかったので、自分のことながら驚いていました。一つ付け加えると、彼らは非常に真面目にプログラムに取り組んでいます。にのみやさんの言葉をひと言も聞き漏らすまいという真剣さが、室内に漂っています。にもかかわらず、表情が消える。これは私が加害者臨床に長年携わってきたなかでも、初めて見た現象でした。対話プログラム以外の、再犯防止プログラムの現場でも一度も経験がありません。私とにのみやさんとでこの現象にはどんな意味があるのだろうと何度も話し合いました。表情がなくなると同時に、彼らのなかにある感情もストップしているように見えました。

結論から言うと、この現象は「防衛機制」によるものでしょう。防衛機制の本来の意味は、危険に見舞われたり困難にさらされたりといった場面で、強い苦痛や不安を回避しようとする心の動きです。性被害の詳細や、今後一生続くかもしれない影響について被害当事者から直接聞くというのは、彼らにとって「あなたは人にこんな酷いことをしたのだ」と突きつけられているのと同じです。現に人を踏みにじることをしてきたわけですが、それがどれほどのものかを知らないまま、加害行為を重ねてきました。それを語るにのみやさんの声が耳に入ってはいても、頭やこころには入れたくない。無意識のうちに遮断しているから、表情が消えるのではないか。

これを「加害者における解離」であると指摘する人もいます。解離とは、意識、記憶、知覚、感情など心の機能が一時的に失われることをいい、性暴力に限らずなんらかの被災、被害体験がある人に多く見られる現象です。加害者も解離することは十分に考えられますし、今後さまざまな研究によってあきらかになってほしいと思います。ただ被害者にとっての解離とは、自分で自分をコントロールできず否応なしに陥るものです。対話プログラムで起きるのっぺらぼう現象は、彼らにとって耳が痛い話のときにのみ起きるので、同じ性質のものと受け止めることはできません。のっぺらぼう現象は、加害者がいかに被害に向き合えていないかを如実に示していると思います。論より証拠、ひと目でそのことがわかりました。しかし、プログラムではこうした現象をも、ひとつのチャンスだと捉えます。なぜこれが加害者に特有の反応となるのか、自分自身で考えるのです。

そこで、ある日のプログラムで「被害者の話を聞くと無自覚に表情がのっぺらぼうになる、という加害者側の反応について、みなさんなりの考察を書いてください」と投げかけました。回答の一部を紹介しましょう。

自分の問題行動を直視して感じてしまう何かを避けているからだと思います。

被害者の方の話を聞いて自分がやってきたことと照らし合わせてどういう感情なのかって考えたときに驚くほど相手の感情っていうものが分からなくなるんです。「辛いんだろうな」という上っ面の感想しか出てこない。それが自分自身嫌になって相手の気持ちになってみようとするけどなれなくて、表情がのっぺらぼうになるのかなと思います。

被害者と加害者の「大きな壁」なのかなと考えました。加害者が、被害者を理解しようとしていないときにのっぺらぼうになるのかなと思います。被害者のことを理解しようとしてもできないから感情がなくなったり、理解しようとすると苦しいから感情を消したり、加害者側が「バリア」を張ってしまっていることがのっぺらぼうにつながっているのかな、と思いました。

被害者の話（特に被害体験に直接関わる部分）を聴くと、強烈な罪悪感を感じます。これは意識せずとも強烈に感じているものだと思います。「自分は悪いことをした。自分は悪だ」という感覚は、自己価値に対して強烈な脅威となります。だから無意識のうちに逃避したり抵抗したりするのだと思います。感じないようにすることで、自分を守っている、保っているんだと思います。

――2021年4月　にのみやさんへの手紙

回答を読んで私は、表現はそれぞれでも、防衛機制からのっぺらぼうになっているという仮説は、的外れではないと確信しました。どんな顔をすればいいのかわからなかったという回答もありましたが、これは「では、この表情が正解です」と導き出すための問いではありません。無表情だからダメ、というわけでもないのです。無意識のうちに無表情を選んでいる自分自身について考え、言葉にするための問いでした。

にのみやさんが特に気になったのは、次の回答でした。

――自分の加害行為から目を背けたい、思い出すと自分が苦しくなる、自分の被害者じゃない場合どうしても客観視してしまい共感できず、自分のことに置き換えられないため表情としては無の状態なんだと思います。

――――

にのみやさんの被害体験談が、自分が加害した被害者の感情に結びつかないからだと私は思います。にのみやさんの声であって、自分の被害者の直接の声ではない、と。それが他人事のように聴こえてしまうのかな、なんて、現在の私は考察します。

――２０２１年４月　にのみやさんへの手紙
――――

両者に共通しているのは、にのみやさんの話を〝自分事〟として捉えていない点です。この人は自分の被害者じゃない、にのみやさんの体験でしかない、だから自分にとっては他人事である――こうした声が出てくるのも、対話ならではだと思います。

もしかすると、同じことを考えていながら「これは書かないほうがいい」と判断した参加者や、この回答が共有されたことで「自分のなかにも、似た考えがあった」と気づいた参加者もいるかもしれません。そこでにのみやさんは、この回答をした参加者だけでなく、全員にこう返信しました。

私の体験談が自分が加害した被害者の感情に結びつかない、あくまでにのみやの声であって自分の被害者の直接の声ではないから他人事のように聴こえてしまう、ということについて、私から質問があります。

たしかに今みなさんの前でしゃべっているのはにのみやであって、みなさんの直接の被害者じゃあない。でもじゃあ、自分が加害した被害者が今この場に来て話したら、あなたは一体どんな顔をするのでしょうか。考えてみてください。それこそのっぺらぼうになりませんか？　事態を受け容れられず、のっぺらぼうになってしまうのではないでしょうか？

私の体験はたしかに、あくまで私の体験でしかありません。だからこそ何度も言いますが、私の体験から、想像を拡げてほしいのです。自分の加害した被害者は今どうしているのだろう、と想像を拡げてほしい、と。何度も私は繰り返し言っています。

私の背後には何十人、何百人、何千人の被害者がいます。いやもっと多くの被害者がいるに違いありません。そうした人たちには、一人ひとり顔があります。私の話を通して、一人ひとりの顔を想像してほしい。何度も申し上げますが、そうしてほしいんです。そのために私はここにいる。

――２０２１年５月　にのみやさんからの手紙

対話プログラムを約7年間続けてきたなかで、にのみやさんが「想像を拡げてほしい」と呼びかけた回数はもはや数え切れません。想像力の欠如は、加害をしてきた人たちのほぼ全員が抱える課題です。そもそも想像力があり、他者の痛みや苦しみに思いを馳せることができていれば、彼らは性加害をするという選択をしていなかったでしょう。

「これは、自分の被害者の話じゃない」「だから共感できない」というのは、のっぺらぼうになる理由ではなく、自分と向き合えない理由です。これを読むにのみやさんの気持ちも考えてはいません。繰り返しになりますが、プログラムでは正直に語り、書くことを求められますが、それは受け取る人の気持ちをまるで無視していいという意味ではないのです。にのみやさんの指摘には、そういった意味も含まれると思います。

被害者を知ろう、そして被害の〝その後〟を知ろうとすると、ときに自分の頭にあるイメージをはるかに凌ぐ、辛い話が出てきます。受け入れ難いと思ってしまうのも、まったく理解できないというわけではありません。そこで防衛機制が働き、耳では聞いて（聴いて）いるけれど頭とこころでは受け止められないため起こるのがのっぺらぼう現象であるなら、「これは自分の被害者の話ではない」と切り離し、認識しないようにするのも、それと類似した現象なのでしょう。

被害者を出した事実から目を逸らしたい

この「のっぺらぼう現象」問題はもっと掘り下げる必要があると感じました。そこで別の機会に、「被害の事実から目を逸らしたいときや直視できないとき、あなたのなかで何が起きていますか」という問いを投げかけ、にのみやさんへの手紙を書いてもらいました。目を逸らしてしまう、のっぺらぼうになってしまう。ではそのときに自分の内面で何が起きているのか、を観察するのです。そこで印象的なやり取りがありました。

「被害者から目を逸らさない」とは「私は被害者を出したのだ」という事実をずっと背負って生きてゆくことなのではないか、と私は思います。被害者の声は、裁判における被害者の調書と、弁護士から聞かされたことでしか私は知り得ませんが、「被害者から私への手紙」というものに受刑中に取り組みました。現在はプログラムを通して月に1回自分へのメッセージを想像して語りかけています。被害の事実から目を逸らしたいとき、問題行動への衝動が高まった時です。今日までに二度ありました。

——2022年2月　にのみやさんへの手紙

これに対して、にのみやさんはこう返信しました。

被害の事実から目を逸らしたいときは問題行動への衝動が高まった時。そして被害者から目を逸らさないということは自分の加害行為によって被害者が出たのだという事実を背負って生きてゆくこと。自分が被害者を生んだという事実は、生涯背負っていかねばならぬことなのだと私も思います。この責任は、あなたにしか背負えないものでもありますね。なぜならあなたが為したことにまつわる責任だから、誰一人肩代わりはできないということ。重くてしんどくて投げ出したくなることもあるかもしれませんが、被害者もまた、同じように被害による痛みを背負って生涯歩いていかなければならないのだということを覚えておいてください。

——2022年3月　にのみやさんからの手紙

こうしたやり取りから私は、被害者の話を聞くとのっぺらぼうになる理由の一つに「責任を追及されたくない」という気持ちがあるのではないか、と考えました。被害者の壮絶な体験を聞くと、自分が責められていると感じる。「お前は被害者を出したのだ」「そのことへの責任を取れ」といわれるのは、辛い。もう聞きたくない。だから感情を遮断して、無表情になる。

先述しましたが、治療初期の段階でその人の責任を追及すればするほど再犯リスクが上がる、というのが加害者臨床の定説です。実際この参加者は、被害の事実から目を逸らしたいときに再犯リスクが上がると打ち明けています（再犯しそうなことを正直に打ち明けることは、ここでは責められません）。手紙にあるように、『私は被害者を出したのだ』という事実をずっと背負って生きてゆく」も、責任を取る一つの形だと思います。しかし、そのことを最初から意識し、覚悟が決まっている参加者はほぼいないといっていいでしょう。口ではそう言っても、実際に被害者の話を聞くとのっぺらぼうになり、引っこんでいってしまいます。

対話プログラムで彼らが自分について知る最初のことは、自身の〝向き合えなさ〟です。どのようにすれば、責任について考えられるようになるのか……。ここはスタートに過ぎません。道のりは長いのです。

第2章

性加害を自分の言葉で語ることの難しさ

あなたの「弱い話」が仲間の強さになる

さて、ここまで何度も「向き合う」と書いてきました。具体的には「語る」と「書く」を通してそれを行うのが、対話プログラムという試みです。

みなさんも何か課題を抱えているときに、そのことに向き合おうとしても一人で悶々と考えるだけでは自分のなかで整理できず、前に進みにくいと感じたことはないでしょうか。同じことをぐるぐる考えてしまったり、不安や心配がより大きくなっていくと感じられたり、自分はダメな人間なんだと責めるばかりになったりすることでしょう。出口が見えないまま課題と向き合い続けるのは、とても難しく、孤独な作業です。

「語る」「書く」はともに、言語化や外在化《がいざい》といわれる作業です。そのアプローチにはさまざまな方法があると思いますが、対話プログラムでは、にのみやさんと私とで考えた問いに答えるために、またはにのみやさんに自分のことを伝えるために、自分の内面を探り、それを言葉にする作業を繰り返します。「伝える」ために、語り、書くのです。

アルコールをはじめとするさまざまな依存症の治療では、ミーティングといって、自分のことを正直に話して同じ問題を持った仲間と分かち合うことがもっとも重要だといわれています。私はソーシャルワーカーとして働き始めたごく初期の頃、ミーティングに参加すべく自助グループに足繁く通い、自分の弱い話を正直に語るというのは簡単なことではないのだと思い知らされました。特にミーティングに参加したばかりの人の口は、とても重いです。自分の名前を言う以外は「パス」をして一度も口を開かずに帰る人もいます。そして私自身も、最初は話せませんでした。

ミーティングの場で話すのは「自分」のことです。それだけ？　と思われるかもしれませんが、一度やってみれば、それこそが大きな課題であることはすぐにわかるでしょう。私は自助グループに通い始めた当初、人からすれば自慢話や武勇伝に聞こえるようなことばかり話していました。実はこれでは、「自分のことを話している」ことにはならないのです。そのことに気づいていない私に、

「私は斉藤さんの弱い話が聞きたいんだ」

と言ってくれた当事者がいました。アルコール依存症に陥り、一時期は深刻な状態にありながらも、その後長く自助グループに通うことで〝飲まない日々〟を積み重ねている男性でした。

「成功体験は、ここではいらない。あなたの弱い話が、仲間の強さに変わるんだ」

これには、ハンマーで頭を殴られたような衝撃を受けました。彼の目に映る私はいつも

「俺はここにいる人たちとは違うんだ」と言わんばかりの苦しげな表情で武勇伝を話していたそうです。私も、いくら話しても誰にも届いていないことをどこかでわかっていたのだと思います。ほかの参加者は、自分の弱い話をしている。それが温かく受け止められていく時間と空間を、ここにいる人たちは共有している。自分だけが、そこに入っていけていない……。こうしてミーティングで最初は話せなかった人も、私のように誰かから促してもらえたり、自身でその壁を乗り越えられたりして、次第に話せるようになっていきます。

現在も私は、機会があれば自助グループのミーティングに参加しています。長くやめ続けている人たち、少しずつ語り始めた人たちを見ていると、彼らの「語れなさ」の背景には、〝男性〟という属性があると感じます。

アルコール依存症の男女比は、圧倒的に男性に偏っています。私は２０２２年に『男尊女卑依存症社会』（亜紀書房）を著し、男性たちが社会のなかで、常に競争に勝つことを求められている現状と、それが社会と男性自身にもたらす弊害をあきらかにしました。どんな性で生きていても弱い部分はあって当然ですが、男性という性はそれを表に出してはいけないとされています。そうなると、自分の弱い部分から目を逸らし、痛みに鈍感になって生きていくほうが、いっそ楽だと考えるようになっても不思議ではありません。

自分の弱さや痛みを〝ないこと〟にする男性の特性は、性加害を繰り返してきた人たちには、特に色濃く表れていると感じます。彼らは強いストレスを受けたとき、自尊感情が大きく傷つけられたとき、追い詰められ自暴自棄になったとき……つまり自己の弱い部分が頭をもたげそうになったときに、自分より弱い人間に加害します。それによって自身の優位性を確認し、自尊感情を回復します。相手を踏みにじることで強さへの自信を取り戻そうとする加害者性は、誰しもに備わっているものです。しかし、それを表に出すか出さないかは、その人が選択しています。

つまり被害者は、個々の男性の犠牲になったと同時に、男性が弱みを見せられない社会の犠牲者である、ともいえます。「自分は弱い人間だ」ということを否定的にならずに受け入れることができていたら、またそれを語ることができる言葉の豊かさがあれば、彼らは性を使った暴力を選択せずに済んでいた可能性があります。このことについては、後述します。

語らずに息を潜める加害者

性加害者は、語れない。特に弱さや痛みを語れない。自身の内面の感情を言語化することを、これまでいかに無視してきたか――それは、語らずにいることが問題行動を続けるために必要だったからです。加害行為は語れないときに亢進《こうしん》、すなわちリスクが高まり、エスカレートします。今でも一般的に性加害者というと、「性欲を持て余した男性」「見るからに変質者」といったイメージを持つ人が少なくないと感じます。だから子どもに「あやしい人には近づかないで」と教えます。ところが実際には、性加害者のほとんどは平凡な見た目で、私の印象ではどちらかというとマッチョな人は少なく、なよなよした人が多いです。道ですれ違っても特に印象に残りにくい、どこにでもいる風貌。クリニックでプログラムに取り組んできた3000名を超える人たちも、たいていはそうでした。

痴漢や盗撮といった常習性の高い性加害は、基本的に顔見知りでない相手がターゲットになります。満員電車や人の多い駅構内、ショッピングセンターなどといった場所は、匿名性が高まります。誰もが〝その他大勢〟でいられるのです。そんな空間で、自分の存在を消しながら相手に近づき加害行為を行う……まるで透明人間です。

この透明人間は、被害者の告発によって初めてその存在があきらかになります。どんな人物なのか、どんな加害行為をしたのかが、白日のもとに晒されるのです。それは加害者がもっとも恐れることです。透明人間でいられなくなったら、加害行為をやめなければいけません。

性暴力に関する統計は、「暗数」が非常に多いとされています。実際の件数と統計上の件数のあいだにある差のことです。この差が大きいのは、被害を受けた人たちがさまざまな理由で被害届を出さない（出せない）、または告発しない（できない）からです。これは個人の選択である以上に、それをしにくい社会構造があるからだといえます。裏を返すと、加害者にとっては都合のいい構造で、彼らはそれを巧みに利用しながらいつまでも透明人間でいられるのです。

近年ようやく被害者が声を上げ始めました。警察に届け司法に訴えるだけでなく、SNSなどインターネットを利用した告発も、珍しくなくなりました。「私たちはここにいる」と声を上げて、自分たちの存在を示していくムーブメントです。結果的に加害者の存在も可視化されました。加害者が自分から「ここにいる」と存在を示すことは、まずありません。ずっと透明人間のままでいたい、これからも加害行為を続けたい、というのが彼らの本音だからです。

透明人間として生きてきた時間が長い加害者はどうなるでしょうか。クリニックにつながり、対話プログラムに参加して、自分たちには説明責任があるのだと頭で理解した参加者でも、すぐには口を開くことも文章を綴ることもできません。透明人間からいまだに抜け出せないため、自分自身と、自分がしてきた加害行為を表現する言葉を持っていないのです。自分でも自分のことが見えなくなっている、と言い換えてもいいでしょう。

にのみやさんも彼らの語れなさを知り、思うところがあったようです。自身の日記に記したことを、後日、手紙で伝えてくれました。

被害者は。

己の被害体験直後というのは、語る言葉を持てない。それまで培ってきた言葉ではとてもじゃないが語れない体験を経てしまったが故《ゆえ》に、言語化できない時期がある。そんな時期を経て、ようやっと言語化できるようになるまで、灯りひとつない真っ暗闇の、長い長いトンネルをたった独りで歩かされているような感覚を味わわなければならない。辛い辛い、何よりしんどい時期だ。そして、「もう二度と元には戻れない」ことを見せつけられることを受け容れるのにまた、苦しい時期を味わう。二重三重に苦しみは続く。だからこそ、被害者は己の語りを手に入れる必要があるんだ。己の語りの為の、己の言葉を新たに構築する必要が。

それは加害者にもきっと言えることなのだ、と、あらためて最近思うのだ。自分の認知の歪みを歪みとして語り得ること。歪み故に為せた加害行為について自らの言葉で向き合うこと。とても大事なことだと思う。そして、でき得るならば、後に続いてしまった加害者仲間に伝えてゆくこと。もう二度と繰り返さないのだという位置から、言葉を紡ぎ続けること。もう二度と悲しみ苦しむ被害者を生まないのだという位置から、言葉を紡ぎ続けること。
被害者にも加害者にも、己の語りを手に入れる必要が、ある。

――2022年3月　にのみやさんからの手紙

性被害を受けて「木っ端微塵」になった人たちにも語れない時期があり、言葉を見失い、それでももがきながら言葉を再構築していく。にのみやさんもそんな時間を過ごしてきたことが、行間から伝わってきます。言語を用いるのは、人間だけ。その再構築とは、一度モノのように扱われ粉々に破壊された自分をもう一度取り戻す、という意味もあるのかもしれません。語れないという状態は同じでも、意味合いは加害者と被害者でまったく違います。にのみやさんは、「加害者は自分の認知の歪みを歪みとして語る」べきだと言いますが、これは、なぜ自分たちが加害行為を続けてきたのか、なぜ性を使った暴力でなければならなかったのか、の本質に近づく指摘だと思います。

認知の歪みとは、問題行為（多くは加害行為）を継続するために、本人にとって都合よく歪められたものの見方や考え方のことです。性加害者に共通する歪みとして多いものに、「スカートが短いのは男を誘ってるんだ」「相手もよろこんでいたはずだ」「自分がしていることは、他の加害者と比べるとたいしたことではない」などがあります。現実の捉え方が歪んでいるから、加害行為を続けてきた。けれど、自分は歪んでいるという自覚はなかった。ならば、その歪みを歪みとして語るべきではないか、という問題提起がにのみやさんからなされたのだ、と私は受け取りました。認知の歪みについては、追ってさらに掘り下げます。

自分をごまかせない「書く」という行為

透明人間だった人たちが語り始め、書くことによって自分の輪郭をあきらかにしていくというのは、一朝一夕でできるものではありません。失敗も重ねながら少しずつ言葉を獲得していくので、時間がかかります。そして対話プログラム参加者のほとんどにとって、それは初めての体験となります。語る、書くことを始めたばかりの参加者が陥りがちなのが、紋切り型の回答です。彼らが書いたにのみやさんへの手紙を読んでいると、どれも似たりよったりの内容しか書かれていないことがわかります。一生懸命書いてはいるのです。しかしその内容は、まるで回答のテンプレート（雛形）がどこかにあって、それにちょっとアレンジを加えて書き写したかのようです。

「被害者の方に申し訳なく思います」「自分は取り返しのつかないことをしました」といった文面を、数えきれないほど見てきました。反省の念や謝罪の弁を綴るというのは、一見すると殊勝な態度だと思われそうです。ただ、それが真の〝謝罪〟なのか、どうか。〝自分のしたことを認め、再犯防止に真面目に取り組む加害者が言いそうなこと〟を書いている。または、そのように評価されたいと期待して書いているのではないかと想像します。

これは、語っているうちに入りません。対話プログラムは、どれだけ自分自身の生き方を振り返り、加害行為の責任に向き合い、言語化できるかに取り組む場です。

当然のことながら、対話プログラムではテンプレートも模範解答も求めていません。こちらから投げかける問いも、正解がないものです。拙《つたな》くても、まったく構いません。確かに文章としては成り立っていなかったり、乱筆すぎて解読できなかったりするものもありますが、その人が真剣に絞り出した言葉であれば、言わんとすることはなんとなくでもつかめるものです。

裏を返せば、その人が今投げやりになっていたり、何かが邪魔をしたりして正直に書けずにいるときも、不思議なほど文章に表れます。テンプレートが頭に浮かぶのは、それによってその場から一時的に逃げることができたり、本質的な問題から目を背けることができたり、人から許されたりした経験があるからでしょう。警察での取り調べでも裁判でも、テンプレートな言葉を並べればその場は収まりがつくことが多いです。そこは自分自身のことを話す場ではなく、警察や司法関係者が求める言葉を提示する場です。彼らの多くはクリニックにつながる以前に、「これでいいんだ」とテンプレートな言葉を知らないうちに学習してきたともいえるのです。

なぜ模範解答的なテンプレート文章になるのかをさらに掘り下げて考えるとき、次に紹介する参加者の文章が私にヒントをくれました。

最近このプログラムが苦痛じゃなくなってきました。それは「慣れ」とか「マンネリ」とかではなく、にのみやさんの伝えたいと思っている（であろう）ことが伝わってくるからです。以前は、悪いことをした自分が責められているような気がして、あるいは、何を伝えたいと思っているのか分からないのに自分の胸は苦しく辛くなるばかり、という状況にありました。でも、「なぜ責められているように感じるのか」「なぜ苦しく辛いのか」をいつもいつも考え、にのみやさんの、そしてその向こう側にいる自分の被害者の気持ちを一生懸命に想像する努力を続けて来ました。いつも苦しいけれど、何とかこのプログラムの中だけは一生懸命考えるんだと思い取り組んできました。少しその成果が出てきたような気がします。今私は、問題行動を意識しつつ、それから遠ざかり、囚

われていない状況にあると感じています。人生のなかで一番落ち着いています。この状態を続けていられるよう、考えられるだけの行動や思考をしていきます。

――2022年9月　にのみやさんへの手紙

この文には私も、ハッとさせられるところがいくつかありました。書いたのは、変化をする際に生じる痛みを感じながらもプログラムに真面目に取り組んでいる参加者です。そんな彼は当初、「にのみやさんが伝えたいと思っていることがわからない」という壁にぶつかった。それにもかかわらず「悪いことをした自分が責められている」と感じている自分に気づいていきます。

彼らは加害をした者としての責任に向き合うためにプログラムに通っていますが、だからといってプログラムで過去の加害行為の一つひとつを追及されるわけではありません。それでも「責められるのではないか」と恐れ、表面的なテンプレート文章を綴る――そうです、のっぺらぼう現象と同じ、防衛機制です。それを乗り越えるためにしたことが、「にのみやさんの、そしてその向こう側にいる自分の被害者の気持ちを一生懸命に想像する努力」だというのは、彼がそれでも自分と向き合うことを諦めなかったからなのでしょう。

誰かに宛てて書く文章でも、書いているそのときは自分自身と一対一で向き合います。

前述しましたが、手紙を書くときの彼らの集中力は相当なものです。続けるうちに、いずれ自分を偽るのが難しくなるときがきます。書くことを通して、素の自分が見えてくるのでしょう。そうすると、〝自分のしたことを認め、再犯防止に真面目に取り組む加害者が言いそうなこと〟をテンプレートに乗せて書くだけでは、物足りなくなるはずです。私はこのプログラムを始めてから、書くというのは思っていた以上に自分をごまかせないものなのだと気づきました。同じように感じている参加者もいると思います。

依存症という病の特徴に、自分を語るときに自身のことをできるだけ大きく見せようとする、というものがあります。いえ、これは依存症に限ったことではありません。特に男性は、自分を人より優位に見せようとする傾向が強いです。そうしないと男らしくないと思われそうですし、成功すれば優越感を得られます。かつて私がアルコール依存症のミーティングで、〝弱い話〟ができなかったのも、そうした背景があってのことでした。

書くという行為を通して自分に向き合うのは、大きく見せていた自分と、リアルな自分の差を埋める作業であるともいえます。その努力を続けた参加者が自身の状態を、「問題行動を意識しつつ、それから遠ざかり、囚われていない」と評価していることは、非常に示唆的です。

もちろん、ここから後退することもあるかもしれませんが、書く・言葉にする・想像する・語ることを手放さずにいてほしいと思います。

加害者もまた加害者を知らない

私は常々、「加害者とはどういう人間か」ということが世の中には正確に知られていないのだと感じています。性欲をもて余している、モテない、変態、モンスター……といったイメージばかりが広まっていますが、前述したように、それらと私がクリニックで会う現実の加害者らの像とは大きく隔たりがあります。リアルな加害者像が覆い隠されると、加害者にとって問題行動を起こしやすい環境が間接的に整うことになります。これも、加害者が透明人間でい続けられるひとつの理由でしょう。

しかし対話プログラムを始めて以来、私はこうも思うようになりました――加害者もまた、「加害者とはどういう人間か」を正確に知らないのだ。自分のことがわからないのだ。だから彼らは、語る言葉を持てずにいるのではないか。

前章で、彼らが果たすべき責任に「説明責任」があるとお話ししました。なぜ加害したのか、それによって何を得たかったのか。自分の口から自分の言葉で説明できるようにならなければならない、というものです。被害者は、たくさんの「なぜ」を抱えています。

彼らにはそれに答える責任がある。でも、できない。これほどまでにできないのは、自分という人間をまったくわかっていないからではないか。

彼らとにのみやさんのやり取りを目の当たりにしていると、ひょっとすると被害者のほうがまだ、加害者のことを知っているのかもしれないと思うこともあります。その加害者性に直接触れたのは、被害者にほかならないからです。もちろん、望んで知ったわけではありません。

にのみやさんが自身の被害体験を話すとき、加害者の人物像にするどい視線が向けられていると感じることがあります。それはにのみやさんが被害に遭って以後、加害者のことを思い出したくないのに思い出し、何度も何度も記憶のなかで対峙し、また、なぜ彼が自分に性加害したのかの答えに辿り着けないまま、ずっと考え続けた結果だと思います。加害者や加害行為に対する解像度がまったく違うのです。

対話プログラムの目的には、「加害者が被害者のことを知る」があり、これについては1章で解説しました。それと車の両輪となっているのが、「加害者のことを知る」です。性加害をしてきた参加者が自身のことを知るのはもちろん、にのみやさんが彼らのことを知る、という意味も含まれます。

加害者とはどういうパーソナリティなのか、どういう生き方をしてきて、何を考えて性を使った暴力を選んだのか……を知りたいのです。それは翻《ひるが》って、性暴力そのものを理解することにもつながります。

対話プログラムでは毎回、参加者に具体的な問いを投げかけ、にのみやさんへの手紙という形でそれに回答してもらいます。その問いは、にのみやさんと私が月に一度打ち合わせをして決めます。前月に彼らが書いた手紙を読み、主ににのみやさんが「ここをもっと聞いてみたい」「このテーマはもっと掘り下げて考えてもらったほうがいい」と思ったことを問いにします。

これまでを振り返るとその大半は、彼らが自分という人間を知り、そして自身の加害者性を知るための問いだった、ということができます。加害者である自分は、物事をどう捉える人間なのか。彼ら自身がこれまで見ようとしなかったパーソナリティの、奥深くに入り込むために、角度と言葉を変えながら何度も問いかけます。

性被害に重い、軽いがあるのか

これまでに重要なトピックとなったテーマはいくつもありますが、ここでは「相対化」について紹介しましょう。相対化とは、自身の加害行為を他者のそれと比較したり、優劣をつけたりする行為のことです。

対話プログラムの参加者を見ていると、自分がしてきたことを他者のそれと比較する人が多いことに気づきます。誰に教えられたわけでもないのに、そして、彼ら自身が意識しているわけでもないであろうに、なぜか当たり前のようにそうするのです。それによって彼らは、「ほかの性加害者と比べたら、自分のほうがマシだ」と確信します。たとえば、クリニックに通院し始めたときのことをふり返り、当時は周囲に座っている参加者のことを「こいつらと一緒かよ、自分はここにいる人ほど酷くはない」と思っていた、と語る人がいます。きっとほかにも、同じように考えた参加者はいるはずです。

自分がした加害行為は、まだ軽微なものであると思いたい。自分がしたことを過小評価し、ほかの性犯罪者と比べて自分はそれほど酷い人間ではないと思い、ある種の安心を得る。その気持ちが発端となってどんな思考に陥るのか。ここからはみなさんも一緒に考えてほしいので、まずは次の2つのコメントを読んでください。

盗撮が犯罪なのは百も承知ですが、性犯罪かと言われると強姦や痴漢とは違うんだけどなと言いたくなります。非接触型性犯罪と言うジャンルがあって、覗きと盗撮がそこに分類されると考えると分かりやすいですかね。いずれにせよ犯罪だとわかっていても繰

り返してしまう性犯罪。窃視《せっし》症を克服すべくクリニックに通い続けます。

正直、今でも「レイプや殺人に比べたらマシ」と思ってしまうことがあります。それはもし自分がされるとしたら、まだ盗撮等のほうがマシだと思うからです。でも、自分のしたことに対しては、〇〇より～とか、何かと比べてどう、とは思いません。想像力が足りないからでしょうか。いずれ「何か」や「誰か」と言うモノサシを使わず、その相手（あるいは自分）がどう感じたのかだけを純粋に想えるようになりたいです。

――2019年3月　にのみやさんへの手紙

読み終わって、どう感じられたでしょうか。強姦（レイプ）とは、現在の刑法（2023年7月に改正）でいうと不同意性交等罪にあたるもので、相手の同意なく性器または肛門、口に、自身の性器または身体の一部や異物を挿入する加害行為を指します。痴漢は不同意わいせつ罪に相当し、相手の同意なくその身体に触れたり、下着のなかに手を入れて性器を触ったりする加害行為です。これらは、〝接触型〟の典型的な性暴力です。

一方の盗撮は、〝非接触型〟といわれる性暴力で、対象に物理的な接触がありません。同種のものとして、下着窃盗や露出があります。ちなみに現状の刑法では、下着窃盗は窃盗罪にあたるので、性犯罪とはみなされていません。身体への侵襲《しんしゅう》、つまり性器や肛門、口への挿入行為が、被害者に大きなダメージを与えることは、多くの人が想像できることだと思います。望まない妊娠への恐怖もあります。痴漢についても、一昔前なら「ちょっと触られただけ」「減るモノでもないんだし」と言われましたが、今はそんな言説がだいぶ減ったと感じますし、言ったそばから批判されるでしょう。これからは、同意のない性的接触＝性暴力であることが、社会の共通認識となっていくはずです。

では、それと比べると非接触型はダメージが小さいのでしょうか。確かに、身体への接触がないがゆえに、盗撮などは被害に遭ったことに気づかないケースも数多くあります。下着窃盗も、人によっては「失くしたのかな」「風で飛ばされたのかも」と被害を認識できないことはあるかもしれません。気づかないのなら被害に遭っていないも同然、だから同じ性暴力といっても、レイプや痴漢と比べるとその被害は軽微である——これが、相対化です。レイプは重く、盗撮は軽いものとして捉え、「自分が続けてきた問題行動は盗撮だから、レイプの罪を犯した人らと一緒にしてほしくない」というロジックです。

これがプログラムに参加している彼らだけでなく、社会一般でもある程度、共通した認識であろうことは、法律にも表れています。強姦罪（当時）の法定刑は、最も短い場合で懲役3年だったのが、２０１７年の法改正で強制性交等罪（当時）となり懲役5年に引き上げられました。十分だとは思いませんが、それでも身体に性的に侵襲する暴力は深刻なものであると見る転換になったとは感じます。

盗撮にいたっては、2023年の刑法改正で、いわゆる「撮影罪」が新設されるまでは、性犯罪とすらみなされていませんでした。各自治体の迷惑防止条例で取り締まられており、処罰も非常に軽いものでした。それが時代にそぐわなくなってきたのです。スマートフォンにカメラが搭載され、多くの人が持ち歩く時代、盗撮は確実に増えています。クリニックにも、特に若い世代の男性やその家族からの、盗撮の相談が相次ぐようになりました。盗撮が処罰の対称として刑法に規定されたのは、大きな前進です。

レイプは重くて、盗撮は軽い。不同意わいせつと比べると、露出行為は軽い。性加害をしていた人たちのあいだで、これがいとも簡単に成立するのは、社会にその前提となる価値観がすでに存在するからです。つまり日本社会では、性被害者ではなく性加害者寄りの価値観に同調する人が多いということにもなるので、これは大いに問題です。

たかが盗撮、なのか

この相対化にメスを入れ、背景にある価値観を揺さぶるために必要なのは、やはり被害者の声でしょう。「レイプより盗撮のほうがマシ」というのは加害者側からの見方でしかないということを、対話プログラムの参加者はにのみやさんの体験談を通して知っていきます。あるとき、にのみやさんは手紙にこんなことを記しました。

メッセージありがとうございます。
プログラムを受け始めたころは周りよりも自分の方がずっとましなはずだと怒っていた、と。でも最近ようやく、それは自分勝手な決めつけだったと思えるようになってきたと書かれていましたね。私も、しばらくの間ですがこのプログラムに参加していて、そのことがとても気がかりでした。自分の方がましと思っているひとたちがこんなにもいるんだと知って、愕然としました。何より、誰より、自分の方がまし、というのは、Nさんの単なる思い込み、或いは逃げに過ぎないと私は思います。
被害者にとってたかが盗撮、たかが痴漢、たかが強姦、というのはあり得ないんです。どれもこれも等しく「被害」です。自分のプライベートなゾーンを犯されたことに他ならないんです。そのこと、どうか心にしっかり置いておいてください。

――2019年4月　にのみやさんからの手紙

にのみやさんは、盗撮被害の経験もあります。盗撮被害は本人も察知できないことが多いと先述しましたが、にのみやさんの場合は、書店で自分の足元に光るレンズを見つけ、スカートのなかを撮られていると気づきました。それを聞いて「なんだ、たいしたことじゃないじゃないか」と思った参加者もいるかもしれません。

しかし、一度の被害がにのみやさんの生活を大きく変えました。それまで書店をめぐって本を手に取ることが大好きだったのに、長いあいだ足が向かなくなりました。当たり前のように身に着けていたスカートを履けなくなりました。被害時に見たレンズの光が頭から離れないのです。そして、警察に届け出たとき、加害者が「初犯だから」「奥さんも子どももいる人だから」という理由で、にのみやさんの被害届は受理されませんでした。これにより社会と人間への信頼を大きく失うことになったと思います。ここまで聞いてようやく「たかが盗撮」と思えなくなった参加者は少なくないはずです。加害者からすれば「たかが盗撮」「たった一度の加害行為」ですが、被害者がいかに多くのものを奪われるのか、その一端だけでもうかがい知れたと思います。

警察庁への取材をもとにした報道によると、2022年の盗撮検挙件数は、5700件でした。過去最多だったようですが、盗撮はすべての性犯罪のなかでも暗数が特に多いと推測されます。

当クリニックを受診した盗撮加害者521名の調査を参考にすると、加害者1人につき1000人を超える被害者がいたケースもありますし、初めての盗撮からクリニックを受診するまでの平均期間は7・2年です。その間、被害者は増えるばかりで減ることはありません。気づかぬうちに被害に遭う人の数は一体どれだけになるでしょうか。

盗撮された側は、生活そのものを脅かされます。にのみやさんのように、いつも行っていた場所に行けなくなり、どこにカメラがあるかわからないとなると安全だと思える場所がなくなり、結果、家から出られなくなる被害者もいます。加害者のなかには撮った写真を見返さないという人も少なくないのですが、それでもなんらかの形で撮影物が世の中に出回る危険性はありますし、そもそもネットで拡散、販売することを目的とした加害者もいます。そうなると、どれだけの人の目に触れるかもわからないうえ、ネット上から完全に削除するのはほぼ不可能です。

警察も司法もその対策は後手後手に回っており、被害者が泣き寝入りするしかなくなることも多いのが、盗撮被害というものです。その悔しさ、恐怖を想像すれば、「盗撮のほうがマシ」がいかに被害者のことを考えていない発言かがよくわかります。

被害に優劣をつける意味はない

別のあるとき、にのみやさんは痴漢被害に遭ったときのことも手紙に綴りました。通学のため乗車したバスで身体を触られ、精液をかけられたというものです。中学生だったにのみやさんがそれに気づいたのは、バスを降りた後でした。登校して保健室に行き、貸してもらったジャージでその日を過ごしました。

日本に生きる女性は、子どもの頃からこうして繰り返し性被害に遭っています。自身が受けた複数の被害について優劣をつけることなく話すにのみやさんを見て、参加者は、「どれもこれも等しく被害」なのだと理解する必要があります。どの被害も、一人ひとりの個別の人生において起こった唯一無二の出来事です。それを比較することに、なんの意味もありません。

その前提が抜け落ちているから、罪名や量刑といったものを基準に加害行為を比較し、「自分はレイプ加害者よりマシ」と優劣をつけるのでしょう。およそ、自分がしたことと向き合えているとは言えません。自分の加害行為の責任に向き合うとは、その向こうにいる被害者と対峙することでもあります。そこから全力で目を逸らし、ほかの〝自分より酷い〟

加害者に目を向けたいという気持ちも、相対化につながっているように思います。
痴漢も盗撮も、決して小さな被害ではない。自分の加害行為を「マシ」だと相対化するのに利用してはならない。そのことをしっかり胸に刻むよう、あるときのプログラムでこんな問いを投げかけました――「にのみやさんの『盗撮被害』と『痴漢被害』についての記述を読んでみて、それぞれの性暴力はにのみやさんから大切な何を奪ったのか考えてください」。

盗撮被害について　行きたいところに行けない、できない↓にのみやさんの視野が広がる、人生の裾野が広がるであろうことができなくなった↓にのみやさんの将来の可能性を奪った。

痴漢被害について精液がおぞましいもの↓男性に対する恐怖、不信。おそらくは周囲の人はにのみやさんがそんなことまでされていたのに気が向かなかったのか？という不信感、自分にスキがあったのでは？という思い。被害者であるにのみやさんは苦しんでいるのに加害者はのうのうと生きているという思い、それらを全部ひっくるめて共感、信頼する心。

痴漢被害について　あたり前にある安心。加害者は刑務所に行くなどの経験をして、あたり前の日常や幸せは、あたり前ではないと知らされることがありますが、被害者はそのあたり前が何も悪くないのに奪われると考えると、接触がどう、非接触がどうなど関係がないとよくわかります。しかも加害者は受刑が終われば日常が戻るが、被害者には期限が決まってないですね。

痴漢被害について　盗撮被害とほぼ同じですが「安心」が消えること。少なくとも電車やバスは安心できる場所ではなくなってしまったでしょうし、それ以外でも男性が隣に来ると不安になることもあるでしょうし、何もなくても勝手に当時のことが頭に浮かんで辛いこともあると想像いたします。

盗撮被害について　警察不信、それによって安心・安全が失われたのではないでしょうか？　もちろん加害者を正当に裁いたからといって、不安なものは不安であると思いますが、少なくとも加害者が罰を受けないことで、今後もさらに加害者が発生するという恐怖により、行動が制限されてしまったのではないか？

痴漢被害について　身内、家族、先生などに助けて欲しいときに、寄り添ってもらえなかった（のではないかと推測してます）ことによって、何を頼ったらいいのかという心の拠り所を奪われてしまったのではないでしょうか？

——2023年3月　にのみやさんへの手紙

痴漢も盗撮も、加害はその場で終わります。が、被害はその後もずっと続きます。そのことを知れば、接触型と非接触型とで性暴力を分けて考える意味はないことがわかります。今もその影響を受けながら生活しているにのみやさんから被害体験を直接聞くことで、彼らの想像力がようやく起動した様子が伝わってきました。時間が経つとまた、相対化して自身の加害行為を「マシ」と思う思考の癖が出てくると思います。絶対に相対化しないと固く決心したところで、おそらく早々に崩れます。それよりも、癖が出てくるたびにそのことを自覚し、にのみやさんの話を思い出し、自分が手紙に書いたことも思い出し、「自分にはまだこういう癖があるのだ」と認識する。その状態を目指してほしいと思います。

被害者も、被害を相対化する

一つ気に留めておくべきことがあります。被害者にも、被害を相対化する現象が見られることです。これも、にのみやさんが対話プログラムで話してくれました。たとえば、こんな会話が交わされるようです――「あなたは挿入されていないのだから、レイプ被害に遭った私より傷が浅いはず」「盗撮被害は、触られていない分、レイプや痴漢ほど深刻ではないでしょう」。驚くほど、加害者たちがする相対化と似ています。前章で、加害者と被害者には共通する現象がいくつもあるとお話ししましたが、この相対化もその一つでしょう。

被害者が自発的にそう思うようになったというよりは、これもまた社会通念からの影響を感じます。性暴力の被害者は、色眼鏡で見られることも多い一方で、〝かわいそう〟な存在であるというイメージで語られがちです。そこから、より悲惨な体験をした被害者＝より〝かわいそう〟であるとみなされることが多いのですが、その図式はそもそもがおかしいです。

一例を挙げると、挿入を伴う被害に遭ってもその直後から手厚い支援と周りのサポートを受けられた人と、盗撮被害を警察に訴えたのに真面目に取り合ってもらえず、自分の写真がネット上でどこの誰に拡散されたのかわからず日々おびえている人がいたとして、どちらのほうがより悲惨かと比べること自体が不毛ではないでしょうか。

悲しいのは、社会にあるこの歪んだ価値観を内面化している人が少なくないということです。被害の程度を比べるような言説や空気がなければ、被害者同士で被害を相対化する現象は、絶対起きないとまでは言いませんが、かなり抑えられると思います。

被害に優劣をつけることで生まれるものは何もありません。当事者同士の分断を招くだけでなく、受けた被害を過小評価し「ちょっと触られたくらいで被害届を出したら、怒られそう」「盗撮はイヤだったけど、この程度のことは誰にも相談できない」のように、被害者の口を塞いでしまいます。それは結局、加害者のメリットとなるのです。

このように、対話プログラムで加害者、被害者両方の声が往復することで、その当事者たちだけでない、日本社会全体が抱える課題に気づかされることもしばしばあるのです。

第3章

「認知の歪み」を理解するために

レイプ神話は誰がつくるのか

性暴力は、いうなれば〝ありふれた〟暴力です。たいへん残念なことですが、今日もこの国の会社で、学校で、街なかや路上で、そして家庭内で起きています。しかしそれがずっと見えない状態にあったのは、被害者が声を上げにくい環境が長らく温存されてきたからです。被害者が見えないということは、加害者もまた見えないということです。

加害者は透明人間になることで、加害行為を続けられます。逮捕などで発覚しない限り、被害者も社会も、彼らがどんな人物なのか知りません。

被害を受けた人がすぐに「これは被害だ」と認識するのはとても難しいといわれています。これは日本だけでなく世界で広く見られる現象のようで、あきらかに性被害に遭ったことのある女性らに、「あなたは男性からレイプされたことがありますか?」と問いかけると、その多くから「いいえ」と返ってくるという報告もあります。一方で、被害を受けてすぐに「これは性暴力だ」と自覚できた人たちには、共通点があるとわかっています。それは「自分のなかにある性暴力のイメージと適合した」または「以前に被害を受けていて認識ができている」というものです(『性暴力被害の実際——被害はどのように起き、どう回復するのか』金剛出版　2020年)。

前者は、たとえばこういうことです——「レイプとは暗い夜道で見知らぬ暴漢に突然襲われることである」というイメージがその人にあると、「上司と部下の力関係を利用して、性行為を強要する」といった形の性暴力は、レイプのイメージから外れているため、自分が被害に遭ったと認識しにくい。同じく、痴漢とは「ちょっと触られるくらい」のもの、というイメージがあれば、被害者までもが「こんなことで騒ぐなんておかしい」という発想になり、これはれっきとした性暴力なのだと気づくことができない。被害認識がなければ、被害を訴えることは不可能なのです。

繰り返しになりますが、これも社会にすでにある価値観、すなわち社会通念を反映したものだという点に留意しなければなりません。「性暴力とはこういうもの」というイメージが、実際には性暴力のリアルとかけ離れているにもかかわらず、社会である程度共有されてしまっているため、そこから外れたものは被害に遭った本人すら認識を持ちにくいということです。これが、レイプ神話です。たとえ声を上げても、「上司に対して思わせぶりな態度をとっていたのではないか」「短いスカートを履いていたから痴漢されたのではないか」というセカンドレイプに遭う可能性は、悲しいかな低くありません。そうして、受けた被害自体を「やっぱりこれは性暴力ではないんだ」として、気持ちにカタをつけようとします。ほかの暴力では、こうはなりません。一方的に殴られたり蹴られたり、刃物で刺されたりすれば、ほとんどの人が「これは暴力だ、自分はその被害者だ」とすぐに認識できるでしょうし、警察に被害届を出すのをためらわないと思います。周囲も「あなたのそれは被害ではない」とは言わないでしょう。

性を使った暴力は、これほどまでに特殊なのです。

では、被害認識を持てたら少しは楽になるかというと、そんなことは断じてありません。自分は被害に遭ったのだと自覚できた人たちは、次第にこんな想いに囚われていくそうです――「なぜ私だったのか」。

性暴力を受けたのが、なぜ自分だったのか。加害者は、なぜ自分を狙ったのか。自問自答の果てに辿り着くのは、次のような答えです。「夜道を歩いたからだ」「肌が露出する服を着ていたからだ」「相手のことをきっぱり拒否できなかったからだ」「隙を見せてしまったからだ」……。理由を自分自身に見出し、自責の念でがんじがらめになってしまう。被害者のなかにもレイプ神話はあり、それは社会通念と相補的関係を保っています。「なぜ」の答えが自分にあるのなら、自分の行動ひとつで被害を避けられたかもしれない、という想いもあるのかもしれません。

なぜ自分だったのか、の答えを探すのはいつも被害者

本来、「なぜ」の問いを向けられなければならないのは、加害者です。被害者ではありません。性暴力が起きた原因は100％加害者にあり、被害者にはない。加害者が何もしなければ、被害者は生まれようがないのです。

しかし、被害者が加害者に直接「なぜ」をぶつけることは、いろいろな意味で不可能です。接触することはそれだけでトラウマ（二次被害）につながりかねない恐ろしいものですし、仮にそんな機会があったとして、加害者から明確な答えが返ってくるとは限りません。それどころか、傷をえぐるような答えしか出てこない可能性もあります。

にのみやさんが対話プログラムを続けるなかで知りたかったのも、この「なぜ」です。なぜ自分だったのだろう、なぜ自分でなければならなかったのだろう。実はにのみやさんは、被害から長い時間が経ってから、ご自身のお父さま同伴のもと、加害者と対峙しました。加害者は何度も頭を下げて謝罪したそうですが、その言葉はすべてにのみやさんの身体を素通りし、むなしい音声として消えていきました。残ったのは、この人は一体何に謝

罪しているのだろうか、という疑問だけ。「なぜ」に対する解は得られないまま終わりました。でも、クリニックの再犯防止プログラムで教育を受けた加害者であれば、そして対話プログラムの参加者が懸命に言語化した言葉であれば、もしかしたらその解に近づくことができるかもしれない——そんな淡い期待があったそうです。

ある日の対話プログラムで、この「なぜ」に対して、一人の参加者から出てきた回答が「条件さえクリアしていれば、ターゲットは誰でもよかった」でした。みなさんは、この「条件」「誰でもよかった」についてどんな印象を持たれるでしょうか。

プログラムに参加するほとんどの加害者が、痴漢や盗撮といった、反復する強迫的性行動によって顔見知りでない相手に加害をしていた人たちです。ゆえにその相手は、不特定多数になります。何百人、いえ、何千、何万人に及ぶこともあります。その点にのみやさんは、上司だった男性からの被害なので、事情は大きく異なります。それでも、加害者にとって「条件をクリアしている」ことが重要である点は、共通していると感じます。

性加害は、突発的に発生するものではありません。性欲を抑えきれなくなり、我を忘れて犯行に及ぶというケースもないわけでないと思いますが、数としてはとても少ないです。だいたいの加害者は、いつ、どこにターゲットがいるか、自身が行動を起こしやすい環境が整っているか、周囲に発覚したときはどう逃げればいいか……といったことを事前に下見し、頭のなかで綿密にシミュレーションします。逮捕された場合の刑罰について詳細にリサーチしておくという、悪質なケースもあります。〝成功〟するための条件を探り、そのテクニックは〝成功体験〟を重ねるうちにさらに磨かれます。

彼らは口を揃えて「ターゲットには、おとなしくて泣き寝入りしそうな相手を選ぶ」と言います。これも、条件の一つです。全力で抵抗したり、被害後すぐに行動を起こしそうな相手は避けます。制服の女子学生にだけ加害する者もいますが、それは制服が支配されている、つまり従順の象徴となっているからだと、私は見ています。

クリニックに通っている人のなかに、知人間、または家族間への継続的な性暴力の加害者は少数派ですが、この場合も同じことが言えると思います。ターゲットは、自分の力でもって、口を封じられる相手。それによって加害行為を誰に知られることなく継続できる相手。力というのは腕力に限らず、むしろ経済力や社会的地位（教員や上司、取引相手など）であることが多いでしょう。にのみやさんにとっての加害者は、当時勤めていた会社の上司でした。その男性は、自分の上司が女性だったとしても、決して同じことはしないでしょう。加害者が選ぶのは自分よりも小さくて弱い、支配しやすい存在です。

そして、性加害をする人たちがもっとも恐れているのは、周囲にその問題行動が発覚すること。そして、逮捕されることとです。社会的な立場を一気に損なうのも大きな理由ではありますが、周囲の知るところになって被害者が護られたり、自分が逮捕されたりすれば、耽溺している加害行為ができなくなることを、彼らは誰よりもわかっています。彼らの言う〝条件〟とは、逮捕されず加害行為を続けられる条件と言ってもいいでしょう。

にのみやさんはこの「条件さえクリアしていれば、ターゲットは誰でもよかった」に対し、「何とも悲しい現実ですね。でもそれが、現実なのでしょうね」と返しています。

「なぜ私だったのか」——加害を繰り返していた人たちからの回答がどんなものでも、被害当事者にとっては納得のいかないものだと思います。「なるほど、だから私だったのですね」とは絶対にならないでしょう。ただ、参加者が被害者の納得感を念頭において回答する必要もありません。自身の内にあるものを正直に言語化すべきです。ですが、彼らを見ているとそれ以前の段階……本人たちもまだ、自分の「なぜ」に到達できていないのだと感じます。

このように双方がすっきりできないまま、その日の手紙や対話を終えることもよくあります。が、私はこれを悪いことだとはまったく思っていません。正解がない答えを自身のなかに抱える、その状態のまま探り続ける、相手からの反応を見てまた考える、納得のいかなさを受け止める、葛藤する……対話プログラムの意義は、このような「ネガティブ・ケイパビリティ（答えが出ないなかに存在し続ける力）」という概念のなかにあると感じるからです。ときには対話するうちに、相手からではなく自分の内になんらかの着地点が見つかり、納得を得られることもあるでしょう。

なぜ私だったのか、なぜ私でなければならなかったのか――。これからもときにストレートに、ときに別の角度から、参加者に問いかけていくことになります。

自分こそ被害者だと思う加害者

対話プログラムの参加者それぞれに、いつか自分なりの答えに辿り着いてほしいと思っていることが、もうひとつあります。それは、「なぜ性を使った暴力でなければならなかったのか」です。これもまた、すぐには答えの出ない問いです。そこで、プログラムではそのことを考えるきっかけとなる、さまざまな質問を用意しています。遠回りに見えたとしても、長い目で見ると無駄に終わる過程はないと思っています。

「認知の歪み」について考えるのも、その一環です。自分の認知が歪んでいると気づくこと、セルフトークのスキルを学びその認知への反応の仕方を学んでいくことは、「なぜ」を考える以前に、再犯防止の要となる重要な課題です。

彼らは、他者を傷つけることになる問題行動を続けたかった。それが「生きがいだった」と表現する人たちもいるほどです。そのために、歪んだものの見方や考え方を、問題行動の〝成功体験〟とともに自ら強化してきました。「あんなに肌を露出させているのは、俺を誘っているんだな」「最初は嫌がっていても、そのうち気持ちよくなる」などの歪んだ認知は、加害をする自分を正当化するためのものでしかありません。


加害者臨床の現場では、認知の歪みがいかに不可解で巧妙で強力なものかを痛感させられる場面が頻繁にあります。真面目に通院し、プログラムに日々取り組んでいる人でも、会話の端々にその歪みが表れることがあります。

私たちクリニックのスタッフは、その都度さまざまなテクニックを使ってフィードバックしますし、プログラムには「MCCワークシート」というものがあり、自分のなかにある代表的な認知の歪みを書き出して、それに対していくつもの角度から検証するというワークも折に触れて行います。客観的な視点でもって「これは歪んだ考え方だ」と自分で確認するためのワークです。こうして繰り返し自覚しても、何かの拍子に歪みがひょっこり顔を出す……彼らがその認知に慣れ親しんできた年月の長さがうかがい知れます。

ミーティングや対話プログラムでは、ほかの参加者から「自分も以前はそう思っていたけど、いまは認知が歪んでいたんだとわかる」のように指摘されることもあります。非難や否定ではなく、あくまで共感的な指摘です。認知の歪みへの取り組みは、人から無理に教え込まれたり矯正されたりするものではなく、自分で気づくことでしかスタート地点に立てないからです。

対話プログラムでも頻繁に、歪んだ認知に出くわします。にのみやさんがそれに対し、「それはおそらくあなたの認知の歪みのレパートリーのひとつだよね」と指摘したり、その強固さに驚きを示したりすることはありますが、真っ向から否定することはありません。しかしあるとき、こんな提案がにのみやさんからありました――「みなさんが、みなさんの被害者に対して持っている、あるいは持っていた不平不満を、今回手紙に思う存分吐き出してほしいんです」。

意外な提案だと思われた方もいるでしょう。加害者は恨みや憎しみをぶつけられる側であって、〝不平不満〟を持つこと自体がおかしいのではないか。それは、お門違いというものではないか。プログラム参加者も同じように考えたと思います。けれど、にのみやさんはあえてそこを突いてみたかったのでしょう。「隠している本音を、一度開示して!」「みんなおとなしすぎる」という気持ちもあったようです。

前章で解説した通り、こちらからの問いに対する参加者の答えは、ともすれば〝模範解答〟になりがちです。本音をぶつけていない、生々しい感情を抑えている、不平不満に一生懸命フタをしている。にのみやさん自身が常にむき出しの本音で彼らに対峙しているからこその焦れったさもあったのだと、私は想像します。

ここで、彼らからの回答をいくつか紹介します。そこに表れている認知の歪みを示す目的ですが、結果的に二次加害になるものも含まれるため、読まれる際はご注意ください。


女の子と性的関係を結びました。SNSで自分から誘っておいて、補導されて私の名前を出すなんてひどい。扇情《せんじょう》的な投稿も自分からしていたし、「会ってイヤだったら解散しよう」とも先に言っていたし、カラダの相性だけじゃなく、お互いに意気投合していたのに、なんで？　キミが私の名前を出さなければ、私の人生は順風そのものだった。キミは私の他に色々な男と関係を持つことが目標だったね。キミは警察に補導されるほど愚かな子ではないと思った私こそが愚かだったよ。キミが補導されたことに私はまだ怒りを禁じ得ない。

―――――誘うような服装をしないでほしい（わざと露出する、スカートを短くするなど）。色気のない服や撮れそうにないほど長いスカートの場合はターゲットにしようという気にならなかったと思います。「撮れそうだな、あの人（撮りたいな）！」と思わせないでほしかった。

―――――被害者にも、多少非があるとも考えます。加害者にもそれなりの苦しみがある（人にもよるが）。自分は嫁、子供と別居することになっているし苦しんでいるので、100％加害者が悪いと言われるのもつらい。

――本当にそこまで傷ついている？　バツが重すぎるよ。

―――――正直、下着の窃盗は被害者自身を傷つけた事ではないのかなと思っています。自分はそれによって仕事を失い、家族を失う事になりましたが、あくまでも被害者自体への執着ではなく、物体への執着です。もう少し穏便に事態を収束させる方法もあったのではないかと思います。

僕が行った問題行動は満員電車での痴漢です。逮捕された状況ですと、被害者の後ろから胸をさわろうとし、被害者の方の抵抗で胸をさわることができませんでしたが、痴漢と言う行為をしてしまったため駅に着いた際、声を出され逮捕されました。そのまま駅を降りていればおたがいになにも変わらず生活が続いていたのに、逮捕されたことでもちろん仕事は失い、周りの人との関係も一変しました。どうして見逃せなかったのかと思いました。

ケガをさせたり、金品を奪ってはいない。ただセックスしただけじゃないか。

――2020年1月　にのみやさんへの手紙

不快感を抑えられなくなった方も多いと思います。一度本を閉じて、深呼吸することをおすすめします。

自身の加害行為を過小評価し、その原因をつくったのは被害者であると言わんばかりの回答は、ほかにもたくさんありました。加害者にはもともと「自分こそが、被害者である」と考える傾向があります。加害をしたことは認めていながら、原因は被害者にもあるので自分だけが悪いわけではないと思い、そのことで責められるのを理不尽に感じ、謝罪を受け入れてもらえなければ憤る……加害者臨床ではこれを「加害者は他責する」「加害者における被害者意識」といいます。私はこれらの回答を見て、それがよく表れていると感じると同時に、認知の歪みのお手本のようだとも思いました。にのみやさんの想像も、軽く上回っていたかもしれません。

繰り返しになりますが、クリニックに長く通院している人でも根っこにある物事の歪んだ捉え方は強固に残っています。が、そのぶん対処法も身につけてもいます。こうした考えが出たときは再犯のリスクが高まっていると自分で判断し、「あ、これは警告のサインだから、気をつけないといけないぞ」とセルフトークします。そして、その場を離れたり、家族やキーパーソンに電話をしたりといった、リスクを回避するための適切な行動を取ります。これは、自分はどんなときに再犯リスクが高まるのかを洗い出し、その対処法を考える「リスクマネジメントプラン（通称：ＲＭＰ）」に基づいた行動です。このプランは私たちスタッフと一緒に定期的に見直し、アップデートしていくものなので、認知の歪みに適切に対処する力がついてくると感じます。

しかしそれは、歪みがまったくなくなることを意味してはいません。ＲＭＰで目指しているのも、認知の歪みをゼロにすることではないのです。問題行動を繰り返していたときの彼らは、「バレなきゃいいだろう」「一週間仕事を頑張ったんだから、痴漢しても許されるよね」といった考えが不意に沸き起こったとき、それに自ら乗っかって加害行為をしていました。負の成功体験を重ねるたびに、歪みはより強固なものになったのです。社会で生きている限り、認知の歪みが顔を出す瞬間は必ずあります。そんなときに「これはプログラムで、認知の歪みだと教えてもらったパターンだな」「今日は危ないから、別のルートで帰ろう」と意識できるようになることが重要で、そこから「自分で回避できた」「問題行動をしなくて済んだ」という、これまでとは真逆の成功体験を積み重ねていくためのプランです。長年かけて強化された歪みはそう簡単になくなりません。だから、歪みがあることを前提に、その対応の仕方を学習するのです。

加害者のあいだで似通う認知の歪み

認知の歪みは、目には見えないものの彼らの内側にびっしり根を張っているかのようです。大樹が一日にして育たないように、認知の歪みも最初は小さな芽から始まったと思います。そこから根が伸び幹を太くするように、歪みを強固にしてきました。では、その種はどこからきたのでしょうか。この世に生まれ落ちた瞬間から、「ミニスカートを履いているということは俺を誘っているんだな」などの歪んだ認知を持っている人はいません。どこかの時点で、彼らがこの社会のなかで学習し備わってきたものです。
それが、いつ、どのようにして身についたものかを探るべく、対話プログラムで「みなさんのなかにある認知の歪みは、いつ頃から自覚し、またどのような形成過程を経て現在に至るのでしょうか」と問いかけたときの回答を紹介します。

ネットで盗撮の画像や動画を見たのが最初だと思います。動画を見て「自分でもできるんじゃないか？」と思い、いざやってみたらバレずにできてしまったときに、戻れない自分が出来上がっていました。バレなければ相手は気がつかずに傷つかない、自分は良いものが見れてwin-winと思ってました。相当歪んでますよね。

私のしていた盗撮行為が犯罪である認識は問題行動を始めた時から今に至るまで理解していますが、「気づかれなければ被害者はいないだろう」という認知の歪みは幼少期から持っていたかもしれません。「のぞき」や「スカートめくり」がテレビ番組などで流れているのを見て、いたずらは悪いことながらも「大した事じゃない」「許されるもの」と思い込んでいた気がします。

自分の認知の歪みは「性的な対象として見ても女性は気にしない」というものでありこの認知が形成されてから最初の犯行をするまではあっという間だった。実際は一人でも女性が嫌がる事はしてはいけないのに、たまたま嫌がってないと自分が判断した経験を都合よくすべての女性に当てはめるということを繰り返して、認知の歪みを大きくしていったのだと思う。

例えば「バレなければいいだろう」という認知の歪みはいつから身に付いたものだろうか。中学生くらいに信号無視することを覚えたあたりから、その後思春期で性に興味を持ち、高校生くらいで自分の問題行動に関するアダルト動画を見続け、アダルト動画という非現実を自分がやってもバレないいんじゃないかと思い始め、大学生で実際に満員電車というものを体験し、それと同時に問題行動の成功体験を得ることで完全に自分の認知の歪みが完成したのだと思います。

——2022年7月　にのみやさんへの手紙

参加者の多くが真面目に考え、正直に書いてくれたという印象です。私はこれまで、3

000名を超える性加害者の認知の歪みを見聞きしてきましたが、だいたいパターンが決まっています。あまりに奇想天外な歪みに出くわし、理解するのに時間がかかって反応が遅れることもありますが、極めて稀《まれ》です。似通ってしまうのは、ある種の社会通念こそが、認知の歪みの〝種〟であるからと考えられます。

回答で、アダルトコンテンツについて言及している人がいます。本来なら、18歳未満の子どもの目に触れてはいけないものです。しかし現実には、子どもにとってもアクセスは難しくなく、多くの男性にとって身近なものです。年齢が低いほど強いインパクトを受け、そこに描かれることが〝現実〟だと受け取る可能性は高いでしょう。アダルトコンテンツのすべてとはいいませんが、女性を人格ある人間ではなく、ただ性的な対象として登場させていることが多いです。昨今は「AVはファンタジー」といわれますが、それが作りモノの世界であると知っていることと、女性を人格のない人間として見ることは、なんなく両立します。対等な性的関係の築き方を知る前の子どもが触れることは、悪影響しかないでしょう。

しかし、アダルトコンテンツだけが悪いとも思えません。主に男性を対象とした雑誌の表紙を、水着姿の女性が飾るのはいまだ通例です。また、今でもテレビの報道番組やバラエティ番組を見ると、男性出演者がメインで、女性が添えもののようになっている番組があきらかに多いです。こうして女性を男性より低く位置づけ、性的に消費していいという価値観が〝種〟となり、それが育ちやすい土壌で私たちは生活しています。社会全体の認知が歪んでいると言ってもよく、子どもはそれを学習しながら育ちます。

こうした種は再生産され続け、一度歪んだ認知はますます強化されていきます。加えて、受刑経験のある加害者にとっては、刑務所も認知の歪みを強化させるきっかけになることがあります。刑務所では「性犯罪再犯防止指導（通称：R3）」というプログラムが用意されており、10人ほどで受講するため、性犯罪で服役している者同士が顔を合わせます。また、性犯罪の受刑者は刑務作業するにも同じ工場に集められるのが通例です。ほかの受刑者たちから「性犯罪＝もっとも卑劣な犯罪」とみなされ、いじめられることが多いというのが理由の一つです。こうして、認知の歪みがまったく改善されていない者同士が知り合い、それぞれの問題行動を披露しては「それで逮捕されたのは、運が悪かったな」「こうすればもっとうまくできたはずだ」と情報交換をすることがあるそうです。

受刑中は、認知がいくら歪んでいても〝ターゲット〟となる人物がおらず、問題行動につながりません。ですが、彼らは必ず社会に復帰します。認知の歪みが放置された状態で社会に戻ると再犯のリスクが高く、新たな被害者が出てしまうのはもちろん、彼らにとってもハイリスクな状態です。刑務所内と違い、そこには対象もトリガーも存在しています。

出所後に私たちのクリニックのようなところでプログラムに取り組めるといいのですが、大半の人はそのような施設につながりません。彼らの再加害のパターンを知れば知るほど、悪い意味で納得がいくところが多いのです。

人をモノ化するという自動思考

性暴力は、数ある暴力の形態のうちの一つですが、ほかの暴力と性格を大きく異にする要因のひとつに、〝モノ化〟があります。自身の問題行動の対象を、〝モノ〟として見るという現象を、私たちはそう呼んでいます。ターゲット（的）や獲物、人形と言い表す人もいましたし、ここで書くのも憚《はばか》られる表現も聞いたことがあります。いずれも相手のことを、人格を持つ血の通った人間として、そして自分と対等な相手としてではなく、自分に都合よくつくられた存在として見ています。

しかし加害行為を繰り返していたときの彼らは、そのことに気づいていませんでした。モノ化している意識がなく、「あなたは相手をモノとして見ていましたね」といっても、何を言われているのかすら、わからなかったでしょう。一方「モノとして扱われた」感覚は、多くの被害者が共通して持っているのではないでしょうか。人としての尊厳を踏みにじられたという認識も、そこから来ていると感じます。

加害をする側は、被害者がそう思っていることを知りません。そこでにのみやさんは自身の被害体験を、こんなふうに表現し、参加者にそのことを伝えました。

みなさんはどうして、加害行為を行なうことができたのでしょう。そんな行為を繰り返し行なうことができたのでしょう。どなたかがおっしゃっていましたね、被害者を人間と思わなかった、モノだと見做《みな》していた、と。その言葉が、すべてを言い表している気がするのです。私達被害者は、人間でありながら、一度、人間であることを犯罪行為によって破壊されたのです。モノと化さずにはいられなくなったのです。モノにさせられたのです。だからこそ、人間に戻りたい、と願うのです。そのために、自分の尊厳を取り戻したい、と希求するのです。

——2020年7月　にのみやさんからの手紙

先述しましたが、にのみやさんは性被害に遭った状態をよく「木っ端微塵」と表します。本来、人には使わない表現です。それをあえて使うのは、加害者からモノとして扱われることで、被害者が砕け散ってしまうことを伝えるのに、これほどしっくりくる言葉はないからでしょう。

モノ化は一種の「自動思考」です。その状況になるととっさに、自分の意思と関係なくある考えやイメージが浮かんでくることを、自動思考といいます。問題行動のリスクが高まったときに、それを実行に移せる条件が揃うと、ほぼ自動的に目の前にいる人を〝モノ〟と捉えてしまう。

認知の歪みと同様に、彼らも子どもの頃からモノ化の癖があったわけではありません。それはどこからどのように学習し、身についていったのか。自分自身で振り返らなければ、この癖を修正するのは難しいでしょう。その機会を、対話プログラムで設けました。「人間は条件や環境によって他者を〝モノ化〟するという性質が働きます。あなたにとって人間をモノ化する瞬間はどんなときですか」という問いに、こんな回答が集まりました。

問題のトリガーを引いた瞬間、自分の都合よく作られた世界に引き込まれてしまう。その世界では、あらゆるものが（時間や空間でさえも）自分に都合良く形作られた「モノ」と化している。

問題行動をしていた時だと思います。「若い女性」としか見ていませんでした。他者の

人格・人柄を見ないようにすることで「モノ化」し、モノに対しての行為だからと自分自身の問題行動をどこかで正当化しようとしていたのかもしれません。

性的な事で「モノ化」することは多いかと思います。思春期になる前くらいのときに見てしまったエロ本やアダルトビデオに大きく影響されてしまったと思っています。また、それらを隠れてコソコソ見る行為も問題行動につながっていると思いました。

人をモノとして扱えば、傷付くことはよく分かっています。だからこそ、人をモノ化することが、最上の悦びにつながるのだと思います。人を支配することで、傷つけられた自尊心は回復するし、自分は生きていていいんだなとも思える。モノというよりは、私の人生を豊かにする生贄《いけにえ》という方が正しいかもしれませんね。

――2021年7月　にのみやさんへの手紙

特に最後の回答は、非常に残酷な書きぶりでショックを受けられた方もいると思います。あえて露悪的な書き方をしているようでもありますが、人をモノ化することの本質を言い表しているとも私は感じます。

人をモノとみなすことで相手を支配し、それによって自分の優位性を確認する。これを初めて体験したときは、人生がガラッと変わるほどの出来事だと感じたことでしょう。「性加害をすることで万能感を覚えた」「男としての力を確認できた」と話す人もいるくらいなので、彼らにとってのその衝撃は計り知れないものがあり、問題行動はその万能感を得るための手段にすぎないと見ることもできます。一度成功すれば、さらにもう一度、続けてもう一度……と求めるほど、中毒性があるのでしょう。そして気づけば強迫的性行動という名の沼にはまります。

ヒト扱いされてこなかった経験がモノ扱いを生む

モノ化が孕《はら》む問題は、もう一つあります。問題行動によって相手に加害をし、傷つける。彼らにとっては、その時点で一度完結します。達成感とともにその場を離れれば、一瞬にして過去の出来事になります。一方の被害者は、その影響を長く受けながら生きることになります。加害者がそのことに想像が及ばない理由の一つに、このモノ化があるように思うのです。

人間が相手なら多少の想像ができても、モノだと見ていれば傷つきも苦しみも、その後の人生も〝ない〟ことになってしまいます。さらに言うなら、その相手のことを大切に想う家族や友人の存在にも思い至ることができません。このモノ化の自動思考が起動している限り、その人が被害の実態を知ることは到底不可能でしょう。

しかし対話を重ねるうちに、人格のないモノとして扱われるのは、女性や子どもだけではないのかもしれない、という側面も見えてきました。彼らもまた、過去にモノとして扱われた経験があるのではないか。まず、参加者からの手紙を紹介します。

最近考えていることは「ヒトをヒトとして扱うこと」と「ヒトをモノとして扱うこと」の違いは何だろう?ということです。境界線みたいなのがどこかにあるのか、それともグラデーションのようになっていて、グレーゾーンが大きく広がっているのか。自分がヒト扱いしたつもりでも、そのひとがモノ扱いと思えば、それはモノ扱いになってしまうし、また逆も然りで。

モノ扱いが多い分、ヒト扱いとは何だろうか？　まず何から始めればいいのか？　ということを考えています。

——2022年4月　にのみやさんへの手紙

にのみやさんは次のように返信しました。

ヒトをヒトとして扱う。ヒトをモノとして扱う。
確かに、自分はヒト扱いしたつもりでも、そのひとがモノ扱いと思えばそれはモノ扱いになってしまう。そうですね。でも、よく考えてみてください。あなたの「ヒト扱い」が、相手の尊厳を損なうものになっていないかどうか、を。あなたにとっての「ヒト扱い」をそもそも、バージョンアップするべき時なのかもしれません。自分がヒト扱いしてもらった時、あなたはどう思いますか。どう感じますか。どう考えますか。そこには何がありましたか。どんな温度でしたか。どんな感触でしたか。
翻って、あなたがモノ扱いされた時、あなたはどう思いましたか。何を感じましたか、何を考えましたか。そこには何が欠けていましたか。どんな温度でどんな感触でしたか。あなたが相手をヒト扱いしているつもりだったのに相手にモノ扱いされたと受け止められるのであれば、それは、もしかしたらまだ、あなたにとっての「ヒト扱い」と「モノ扱い」が、とても近しいのかもしれません。

――2022年5月　にのみやさんからの手紙

女性をモノ化して問題行動をしてきた参加者が、実は自分もヒトとして扱われずに生きてきたのかもしれない。これは参加者にとってもにのみやさんにとっても、重要な気づきでした。私にとっても、です。

あなたがモノ扱いされたとき、あなたはどう思いましたか――にのみやさんからの問いに対し、参加者から、子どもの頃に女性から性加害を受けた経験や、厳格な父親から〝跡取り〟としてしか見られなかった幼少期の経験、社会人になって自分は会社のコマでしかないと気づいたという経験、ハラスメント被害に遭った経験などが寄せられました。

フタを開けると、参加者の多くに人からモノ化された経験があり、踏みにじられる苦しみを知らないわけではないということがわかりました。共通しているのは、「自分は価値のない人間だ」と思い知らされたということです。

「男らしさ」を押し付けられる

しかし、問題はその後です。自身の苦しみをどうにかしたい気持ちを、他者に向ける人がいます。加害行為を繰り返していたときのことを振り返り、「自分がそうされたんだから、今度は自分がそうしてやるという気持ちが働いた」と書いた参加者もいます。彼がその経験によってどんなに傷ついたとしても、「だったら加害するのもしょうがないよね」とは絶対になりません。それを言い訳に使うこともあってはなりません。
ただし、誰かをモノ化すると、その誰かがまた別の誰かをモノ化してしまうという負のサイクルは、素通りできないものがあります。

自分がモノ化された記憶がある方もいれば、そういう経験はないという方もいて。みんなそれぞれに、事情を抱えているのだな、と思いながらこの問いへのみなさんの返信を読ませていただきました。対象（ターゲット、駒）はあくまで「モノ」だ、「モノ」なのだからどう扱ったって構いやしない、むしろその方が都合がいい、のだと思いますが、相手をモノ化した途端、モノ化している自分も「ひとでなし」になっているのではないかな、と私は思います。それはつまり、自分で自分を貶めることになっていやしませんか？　言い換えるならつまり、自分で自分のこともモノ以下にしていやしないか、と。私にはそう、感じられるのです。そうすることで全部を麻痺させてしまっている、と。

――2021年8月　にのみやさんからの手紙

人間ではない、人ではない……から「ひとでなし」。それがモノ化なのだということです。実際、加害行為を繰り返してきた人たちの多くが、過去になんらかの被害を受けた経験があったのは先述のとおりです。自己を否定され、踏みにじられ、ないがしろにされてきた経験です。子ども時代のものもあれば、大人になってからのものもあります。壮絶ともいえる被害に遭った人もいます。そこには性被害も含まれ、子どもの頃に家族から性虐待を受け続けてきたという告白もありました。

私は、次に挙げるような「男らしさの過剰な押し付け」も、広い意味での被害体験に入れていいのではないかと考えています。

父親から「おまえは長男なんだから」とよく言われていて、男だから、長男だからガマンをしなきゃいけないの？　女に生まれていたら違うの？　と思っていました。問題行動をしてしまった事が自分で本当に嫌で、もし女に生まれていたら、やっていなかったかもしれないと考えるだけで、男に生まれた事が嫌になります。

小学生の時、女性の担任から「男なんだから泣くな」と言われ、男として生きるのが辛いと思ったことは、他者、特に女性に対しての振る舞いに大いに影響があったと思いま

す。もちろんイコール問題行動には繋がらないとは思います。だからこそ根元が何なのか、「なぜ」なのかに苦しんでいます。

最近まで意識してこなかったが、幼少期の自分と向き合うことで思うところが出てきた。父親に「男なんだから泣くな」「我慢しろ」と言われ、それを必死に守ろうとした自分は、失敗を極度に恐れるようになり、人に弱味を見せたくないからといって人との付き合いを表面的にし、いつしか孤立していた。

――2021年2月　にのみやさんへの手紙

なぜ、男らしさの押し付けも被害体験に数えるのか。回答を見ていると、男性という性で日本社会を生きてきた彼らにとって、自分が踏みにじられたのだと認めることに、高すぎるハードルがあると感じるからです。我慢強くあらねばならぬ、弱みを見せてはならぬ、泣いてはならぬ――痛みを否認し〝男らしさ〟に適応してきた彼らには、被害を受けたこと自体が弱さの証となり、それを口にして助けを求めることは甘えになります。

このように、痛みを痛みとして承認されずに育ってきた男性は多数いるでしょう。私自身もかつてはそうでしたし、子育て中の今、息子が感じる痛みをつい否定してしまったこともあります。対話プログラムに参加している彼らも同じく痛みを否定され、もしくはその痛いという感覚に「痛み」という言葉を与えられず、感覚の主体を周囲の大人たちに奪われてきたのかもしれません。

回答には、近親者や身近な人から〝らしさ〟を強く押し付けられた経験が散見されました。日本社会では、〝らしさ〟が家庭、学校、メディアなど至るところから発信されており、その影響を受けずに成長することはまず不可能です。それに子どものときから触れることで、意識しないまま自分の内面に取り込み、そうするとまるではじめから自分に備わっていた価値観のように思えてきて、否定するのがとても難しくなります。

自らのトラウマに気づけない加害者

自分が踏みにじられたのだと気づきにくいという現象は、家庭内性虐待の被害者男性にも顕著に現れていました。彼は自身の被害体験について話した後、「そんなこともありましたけど、別に被害ってほどの大げさなものではないです」と締めくくりました。彼の体験を具体的に聞けば、誰もが過酷だと感じるであろうにもかかわらず、です。

子どもの頃の性暴力は性別を問わず、「被害に遭った」と認識しにくいものだということは、すでに世界中の研究であきらかになっています。自分がされていることの意味がわからなかったり、性的グルーミング（手なづけ）によって愛情だと思わされていたり、被害時に解離していてそのことが一時的に、ときに長期にわたって記憶から抜け落ちていたりするためです。男性の場合はそれに加えて、「男性は性暴力の対象にならない」という思い込みが強くあったり、被害に遭うとは男らしくない、自分が弱くて情けない人間だからだと感じていたり、自分は同性愛者なのかもしれないと混乱したりすることで、被害を「認めない」という方向に働きます（『男性の性暴力被害』宮崎浩一、西岡真由美　集英社　2023年）。

「男性とはそういうものだ」というイメージが先にあり、それが被害認識を持つ邪魔をするのです。女性の被害者はレイプ神話によって認識を持つのが難しくなり、男性の被害者は男らしくあらねばならぬという思い込みから認識を持つのが難しい、という傾向が強いように見えます。

自分の被害を被害と認められない男性の場合、フラッシュバックや自傷行為といった症状として表れることは少ないように見えます。しかしそれは決して、平気という意味ではありません。心の奥底にある箱のようなものに傷を押し込め、重しを載せ、封じ込めているだけでしょう。箱を未来永劫《えいごう》閉じておくことはできません。気づかぬままに本人を蝕み続け、そのはけ口として新たな被害者を生む――この連鎖は、早めに断ち切らなければなりません。

対話プログラムの参加者に被害体験を尋ねたところ、「ない」という回答も多くありました。本当に「ない」のか、認識できていないだけなのかは、簡単に判断できないところがあります。「本当は被害を受けていますよね」と聞き出すことは賢明ではありません。加害者としてのその人が回復のどの段階にいるかによっては、被害者性にアプローチするのが危険な場合もあります。私の経験上、あきらかな症状を呈している人よりも、自分の感情を凍らせて男らしさに過剰適応し、「自分は被害なんて受けたことがない」と否認しながら生きてきた人のほうが、慎重にアプローチしなければいけないと思っています。

にのみやさんは、被害体験に向き合うことなくして自身の加害経験に向き合うことはできないと感じています。確かに、自身の被害を考えることで、加害についても考えられるという側面はあります。私も一部分は賛成なのですが、順番として彼らがまず取り組むべきは、再犯しないためのスキルを学ぶことと、犯してきた加害行為についての責任と向き合うことです。それより先に被害者である自分に焦点を当てると、彼らの意識は自らの被害者性ばかりに向いてしまいます。

そこで、個人のトラウマ体験に触れずに被害体験と加害経験をつなげて考えるべく、「なぜ過去の傷＝被害体験が現在の加害行為や性依存の問題につながるのか」という問いを設定したことがありました。

嫌な記憶や出来事を一瞬でも忘れたいと思った時、性的なコンテンツからの刺激は、手っ取り早く忘れさせてくれました。現実逃避の方法なのですが、嫌な記憶・出来事と性は本来全く無関係なのに、あたかも一番良い方法として自身に刷り込まれていったと、自分を振り返っています。

私は、子供の頃、居場所がありませんでした。家も学校も塾も、安堵感を得られたことはありませんでした。そんな中、心を落ち着かせるコンテンツは、性でした。大人に隠れて見ていたＡＶやアダルトサイトは、興奮すると同時に癒しを得ることができました。「これがないと生きていけない。性以外の趣味を楽しむ人間の気持ちが理解できない」とさえ思っていました。そのうち、多数のＡＶの中から、性加害のものに辿り着き、加害する気持ちが心の癒しと結びついていくのかと思います。

自分の心をぐちゃぐちゃにするような強いストレスがかかる体験は、物事の価値観を変えてしまうからだと思います。人を傷つける前にかかるべきブレーキが摩耗してしまっているのではないかと思います。激しく心が動揺する事態を、心の何処かで探してしまうのではないかとも思います。

自分自身が周りと違っていたり、環境が周りと違っていたりして、周囲との関わりが疎遠になり、だんだんと孤立していき、孤独やストレスを抱え、また自身が被害に遭っていたりすると、生きる術として、他人を傷つける、といった間違った認知が形成され、それらを解消するために、問題行動へと入ってしまうのではないかと思います。

過去にキズがあるという事は、どこかしらで強い寂しさを覚えてしまったのではないかと思います。その寂しさの捌《は》け口を、問題行動で埋めようとしてしまったのかもしれません。

両親や、教師からの過剰な期待は、その期待に応えようと常に努力し「みんなから褒められる子供」であろうと無理をし、ときには平気でウソをついたり人を傷つけたりする。このウソをつくことや、正しい自分を直視することができず、性に関することを隠し、ウソをつくことが平気になってしまう。

私は厳格なしつけを受け、それを苦と感じる自分を封じ込めて「いい子」でいようと育ってきた。失敗したり弱みをさらけ出して恥をかきたくないから、人と深くつきあうことを避けてきた。結果、他人に共感する、他人を大事にすることが上手くできず、他人の心の痛みがわからない人間になった。女性は一人の尊重されるべき人ではなく、性欲を満たすためのものとなった。被害者の恐怖、心の痛みがわかれば、性加害などできなかったはずである。

——2023年2月　にのみやさんへの手紙

ここで、「なぜ性を使った暴力でなければならなかったのか」の答えが少しずつ見えてきました。繰り返しになりますが、どんなに辛い体験をしても、それは他者を傷つけていい理由にはなりません。しかしこうした体験を見ていると、彼らの傷が早々にケアされていれば、または信頼できる人に相談ができていれば、被害を受けずに済んだ人がいるのではないかと思わされることはよくあります。

弱みを見せられずに孤立する

対話プログラムの参加者を見ていると、その多くに「SOSが出せない」という特徴があるように思います。自分が困っているときに、周りに助けを求められないのです。SOSを出せなければ、そのまま耐えるか、自分一人でなんとかしようとあがくしかありません。弱みや甘えを見せたくないのです。

SOSを出すことを、「援助希求《ききゅう》」といいます。この能力が欠けているというのは、実は依存症と密接な関係があります。

人は辛くて辛くて仕方がないときに、アルコールやドラッグ、ギャンブルといったものに助けを求めます。それらをストレスへのコーピング（対処法）とすることで、生きているのもしんどいという状態を一時的に紛らわすことができるからです。つまり苦痛の緩和のために、ある物質や行為に耽溺するのです。これを自己治療仮説といい、繰り返すうちに行為がエスカレートしていき頻度や量が増え、やがて気づいたときにはコントロールできなくなっています。つまり「負の強化」、不適切なストレスコーピングが習慣化した状態が、依存症なのです。

依存症は、周囲を恐ろしい力で巻き込む〝関係性の病〟でもあります。問題行動を起こすたびに周囲は手を焼き、尻拭いせざるを得ません。そこで不適切なコーピングに耽溺するのは、「助けてほしい」「自分をケアしてほしい」というメッセージを発信しているのだとする解釈もあります。このメッセージは、〝パラドキシカル（矛盾した）メッセージ〟と呼ばれています。その切実さとは裏腹に、依存症が進行するほど周囲は手を差し伸べるにも限界があると感じ、その人から離れていきます。助けを強く求めるほど本人は最終的に孤立してしまうのですから、なんと皮肉なのでしょう。依存症が〝孤独の病〟ともいわれる所以《ゆえん》です。

性加害に話を戻しましょう。強迫的性行動を通してパラドキシカルメッセージを発している――その可能性は十分にあるのですが、人を傷つける行為によって周囲にＳＯＳを出すのはあってはならないことですし、加害行為による自己治療も、本末転倒です。問題行動を繰り返し、孤立し、さらに問題行動に駆り立てられるという悪循環。孤立すればするほど、問題行動への欲求が高まります。援助希求が苦手であることが、問題行動における再発の一因になってしまうということです。

SOSを出せないことが問題行動につながる

第1章で、加害者と被害者には共通点があると解説した際、その一例として社会からの「孤立」を挙げました。被害者もまた、SOSを簡単には出せません。性被害を受けたと申告しても信じてもらえるとは限りませんし、実際にセカンドレイプを受けることもあります。力を振り絞って出したSOSが拒絶されるかもしれないと考え、喉もとまで出た声を飲み込んだ。そんな被害者はこれまで数えきれないほどいたに違いありません。にのみやさんにもそんな時期があり、しかし見かねた友人らによって何度も助けられました。

助けを求めるというのは、加害者と被害者どちらにとっても課題のようです。対話プログラムで、こんなふうに呼びかけたことがあります――「『援助希求能力』がどのくらい備わっていますか、それを身につけるために何が必要でしょうか」。参加者からはこんな言葉が出てきました。

自分には援助希求能力があまり備わっていないと思います。「他者に頼らなくても自分で何とかなる、何とかする」と考えることがこれまで多かったです。しかしそれは、自分だけの秘密を持つことにつながり、問題行動を起こすことにつながっていたのだと、今となっては思います。

クリニックにつながる前、自分は変なプライドのために他者に頼ることが苦手でした。こんなことくらい自分で解決しなければならないとか、相談はする割に相手のアドバイスを素直に受け入れられなかったり、結果、立ち向かうことから逃げる傾向にありました。そこには自分自身に嘘をつくということが存在していたのでしょう。今は、嘘偽りなく生きていこうと決め、実行しています。これが援助希求能力を身につけるために最も重要なことです。ダメな自分も自分なのです。自己を肯定する能力も重要です。

プログラムにつながる前と後とでは明らかに高くなっていると感じています。まず本当のこと（気持ち）を話す。そのためには不要なプライド（「変だと思われたくない」、そもそも変だから治療しているのに……）を捨てる。助けを求めた結果を過度に期待しない（勝手に自分の思い通りになると思わない）ことかもしれないと思います。

全然ないです。本当にないです。今まで一人でうまくいきすぎたんです。誰かがいるとペースが乱されてしまうのでむしろうまくいかなかった。なので、むしろ今は、援助希求能力がないことを意識して、他人に助けを求めることを課題としています。今日もアルバイトで上司に助けを求めました。「何でも聞いて」と応えてくれたことがとても嬉しかった。

——2021年4月　にのみやさんへの手紙

これに対して、にのみやさんは次のように答えます。

何でもひとりきりでやらなくちゃ、なんて抱え込む必要はないんです。誰にだって、ひとりではやりきれないことはあります。そういう時にSOSを出せるようになるのも、大切なことだと思います。

かくいう私も、実はとてもとてもSOSを出すのが下手です。いつも一人で抱え込んでしまいがちです。そもそも、助けてほしいと思うことができません。いざ助けてほしいと思えることがあっても、それを言語化するまでにひどく時間を要するタイプの人間です。

でもこれだと、失敗も多いです。だから、みなさんはぜひ、「助けてほしい」ということとだけでも周りに言えるようなひとになってください。周囲にヘルプを求めることは、決して恥ずかしいことではないです。むしろ、周りはそれを待っていてくれたりします。だから、倒れてしまう前に、転んでしまう前に、助けてほしいの一言が言えるひとになってほしいです。みなさんにこれを書いたからには、私もそうなるよう努力しようと思います。私も努力しますので、みなさんもぜひ、そうしてみてください。

——2020年5月　にのみやさんからの手紙

にのみやさんもSOSを出すのが苦手だと明かしていますが、かく言う私も、援助を求めることがとても苦手でした。男なら自分でなんとかするものだ、他人に頼るのは男らしくなくて恥ずかしい。そんな想いから、問題を自分一人で抱え込んでしまうのです。

にのみやさんからの手紙に、参加者は背中を押されるような気持ちになったと思います。助けを求めるのが下手ゆえに、結果それが問題行動につながり、加害行為が止まらない状態を自分自身も見て見ぬふりしながらやり過ごし、どうにかしなければと思いつつも誰にも助けを求められない。そんな泥沼にはまり、自分の意志では抜け出せなくなり、最後に逮捕という形で発覚したときには、膨大な数の被害者を出している。援助希求能力が脆弱なままでは、加害行為の真の意味での克服は道半ばだと言えます。

低い自尊感情、高いプライド

回答のなかに、「プライド」という言葉が出てきた点にも注目したいと思います。それは、加害者臨床で出会う加害経験者らのパーソナリティを、私なりのひと言で表すと「低い自尊感情と高いプライド」になるからです。

プライドは、生きていくうえで自身の内側からの支えとなるものです。低すぎるとたくさんの困りごとを生むであろうこと、そして高すぎるのも厄介であることは、誰もが知っています。それに加えて、「低い自尊感情」とセットなのです。こうして並べてみると、奇妙でアンバランスな状態だと感じられるのではないでしょうか。

あるとき、プライドについてこんなふうに書いた参加者がいました。

背伸び、強がりなのかなと思います。相手に心配をかけさせないようにという言い訳を使って、本当は弱音を吐けない、自分のプライドが正直な気持ちを口にすることの邪魔をするんだと思っています。

――2021年8月　にのみやさんへの手紙

背伸びも強がりも、弱音を吐けないのも、「自分は男なのだ」「男というのは弱いところを見せてはいけないのだ」と思い込んでおり、困った状態になったときほどそのバイアスが強まるからです。弱っているときほど虚勢を張ることなく、SOSを出す。この課題をクリアするには、一度高すぎるプライドを手放す必要があります。

にのみやさんはプライドについて、こんなふうに書いています。

言いにくい言葉として、「教えてください」や「わかりません」という言葉が多く挙がっていました。そうですね、知らないことを知らないと表明することは、自分のプライドを傷つけることかもしれません。でもそのプライドは本当に必要なものでしょうか？　わからないことを知ったかぶりをしてやり過ごしてしまうことの方が恥ずかしくないですか？　自分の許容量を超えたものをそれでもできるふりして、自分を追い込んでも、それこそ結果的に周囲に迷惑をかけることになりやしませんか？

――2021年11月　にのみやさんからの手紙

低い自尊感情もまた、援助希求を邪魔するものです。なぜなら「こんな自分が助けを求めてはいけない」という気持ちが働く人もいるからです。これもまた、私自身もかつて慣れ親しんでいた考えなので、そう思うこと自体には共感もあります。高すぎるプライドを持ちながら、この自信のなさ。相反しているように感じられるかもしれませんが、一人の人のなかにいくつもの矛盾があること自体は、特におかしなことではないと思います。

自尊感情をシンプルに解説するなら「自分のことを肯定し、大切に思う心の動き」でしょうか。プログラムでは「自己効力感（セルフ・エスティーム）」もほぼ同じ意味で使われています。これを適切に持てないと、自分に自信がない、自分のことを価値がない人間だと感じる、ということになります。彼ら自身にもある、他者からモノ化された経験とこれとは無関係ではないと思います。そんな自分を、偽りのプライドで支えている――とても危うくはありますが、同じような体験をしたことのある人は少なくないでしょう。仕事がうまくいかなかったり、誰かから否定的に扱われたり、これといったトラブルはなくても何もかもうまくいかなかったり――自尊感情が傷つき、「自分は大丈夫だ」と思えないときは誰にだってあります。何か支えがほしいと思う気持ちは、間違っていません。

彼らの問題は、そんなとき加害行為によって「自分は大丈夫だ」と自信を取り戻すことにありました。問題行動をしたときの心境を振り返って、「むしゃくしゃして、どうにでもなれと思っていた」「自暴自棄だった」という表現が多く出てきます。

また、再犯防止のために自分自身がどんなときに問題行動へのリスクが高まるかを洗い出し、その対処法を考えるRMPでも、「仕事で大きなミスをした」「上司から理不尽に叱責された」のように、自分に価値がないと感じたとき、または自分が不当に扱われ存在価値を否定されたと感じるとき、という記述が頻出します。

彼らを見ていると、自分を過剰に大きく見せようとする傾向があると思います。傷つけられないために、ふくらんで見せる……ハリセンボンのようです。そうやって精いっぱい、自分は男なんだと示そうとしているのでしょう。それでも自分の優位性を見失い、それを実感できなくなったとき、彼らは問題行動に向けて具体的に動き始めます。

承認欲求はなぜ性加害につながるのか

性暴力は、他者の自尊感情を踏みにじる人権侵害行為です。それによって自身の自尊心や優位性を回復できると彼らは経験的に知っています。その認知が大きく歪んでいることは間違いありません。性加害をした自分のことを「こんなことは俺しかできない」と思い自分は特別だと感じた、成功したことで自分がレベルアップしたと感じたなど、表現はさまざまですが、「自分は無価値だ」というところから回復し、なお余りあるほどの自信を、彼らは加害行為から得ていたのです。

加害行為をした相手が「自分のことを受け入れてくれた」と感じる、というのも多くの加害者から聞きます。自尊感情が著しく低い彼らは、こんな価値のない自分だと他者に受け入れてもらえないかもしれないという恐怖があるため、加害行為を完遂できた自分は「受容されたのだ」という強烈な感覚を得ます。自分でも数え切れないほどの被害者を出していた常習的な痴漢加害者が、「痴漢をしているあいだは、受け入れてもらっているという安堵感があった。なんとも言えない温もりを感じていた」と話していました。被害者の多くは、恐怖のあまり動けなくなっていただけ、という想像力が大きく欠落しています。


ここまでで、彼らの問題行動の本質とは、性欲が根底にあるものではないことはわかっていただけたと思います。「受け入れられた」、そして「自尊感情が回復した感覚」は、性的快感を大きく凌駕するものなのかもしれない、と彼らの話を聞いていてたびたび感じることがあります。だからこそ耽溺する、虜《とりこ》になる、生きがいになる。しかもそれは、逮捕という「社会的な死」と常に背中合わせ。いつか必ず破綻するのだとどこかでわかっているからこそ、今やめられないのです。

「他者に受け入れられたい、認められたい」という気持ちは、承認欲求と言い換えることができます。「自分の存在そのものを認め、受け入れてほしい」「自分の価値を認めてほしい」という欲求自体は、程度の差はあれど、誰にでもあるもの。しかし性加害を続けてきた彼らの承認欲求は質的に異なります。

承認欲求がなぜ問題行動、加害行為につながるのか。ここで対話プログラム参加者の、ある事例を紹介しましょう。その男性を仮に、Cさんとします。

私はあるとき、Cさんが再犯したとの報告を受けました。彼の問題行動は露出で、当時は執行猶予期間中でした。執行猶予期間中の再犯に対してはほぼ確実に実刑判決が出るので、多くの人はこの期間を「絶対に再犯しない」という緊張感とともに過ごします（もちろん再犯はいつでもしてはいけないですが）。

彼は出所後、半年ほどして逮捕前の職場に復職しました。私たちスタッフは時期尚早と感じましたが、本人が強く希望すれば止めることはできません。Cさんは復職後、仕事に懸命に取り組みました。もともと超がつくほど真面目な性格で、仕事を一人で抱え込んでしまいました。「デキるやつだと思われたい」「頼られたい」という気持ちがむくむくとふくれ上がる……そうです、彼の真面目な働きぶりがどこから来ているのかというと、底なしの承認欲求です。等身大のCさんは自信がなく、だからこそ評価されたい、仕事を通して承認されたい一心で、こなしきれないほどの量の仕事を引き受けました。大きな案件の納期が迫っていたので、仕事はいくらでもありました。

同時期に、身内の不幸がありました。故人はCさんが逮捕されるたびに社会復帰できるよう奔走してくれた人でした。そのストレスが祟ったのではないか、とCさんは自分を責め、死後のもろもろの手続きを引き受けました。一方で仕事も手を抜きませんでしたから、時間的余裕がまったくなくなり、クリニックから足が遠のきました。

そして仕事の納期をなんとか乗り越えられた日、Cさんは再犯しました。ピークに達していた疲れとストレスがフッと抜けた瞬間、問題行動のトリガーが引かれ、気づいたら駅構内で露出行為をしていました。クリニックでのCさんは、RMPにも真摯に取り組んでいたので、こうした状況下でリスクが高まることも、そうしたらどう対処すればいいかも頭ではシミュレーションできていたはずです。

せっかくプログラムを頑張ってきたのに……と思われた方もいるかもしれません。よりによって仕事をやり遂げたタイミングでなぜ再犯してしまうのかも、疑問に思われることでしょう。

ここでのキーワードが、「仕事と承認欲求」です。多くの男性にとって、仕事は承認欲求を満たす手段でもあります。もちろん女性にも当てはまることではありますが、日本社会では「男性は稼がなければならない」という価値観がいまだに根強いことからも、男性のほうがその傾向は強いと思います。Cさんは幸運なことに復職できましたが、服役経験のある人にとってそれは簡単ではありません。けれど彼らは、早い時期の復職を希望します。男なんだから稼ぐべき、という焦りだけでなく、「仕事をしていない自分は無価値な存在である」「仕事で評価されたい、自分を価値ある人間と認めてもらいたい」という気持ちが強く見てとれます。しかし身体はひとつで、仕事を引き受けるにも限界がありますし、仕事というのは、やればやるほどうまくいくものでもありません。ミスをすればダメな男とみなされる、という不安がさらに自分を追い込みます。ストレスが溜まり、なんとかして誰かに自分を受け入れもらいたいという欲求がふくらむ……こうして再犯のリスクがどんどん高まっていきます。

プログラム内では、執行猶予期間が終わるタイミングと、復職のタイミングで再犯のリスクが特に高くなるといわれ、参加者間でもまことしやかにささやかれています。Cさんは、その典型だったともいえます。

再犯したCさんは、逮捕されたときに「ホッとした」と語りました。被害を受けた人のことを考えるとたいへん筋違いな発言であることは指摘しておきます。それでもCさんは復職してからずっと「息継ぎができない状態」だったと言いました。遅れたぶんを取り戻そうと、自分で自分を仕事に追い込み、身内の雑務も引き受け、それなのに承認欲求は満たされない。しかも、クリニックに行けていない。これではダメだと自分をさらに駆り立てていく……問題行動の再発は、ある意味彼のパラドキシカルメッセージ＝SOSだったのだと思います。自分は今とてもしんどい状態にあるから助けてほしいと、このままだと再犯するかもしれないと、周りに止めてもらいたかったのかもしれません。被害者を出す形でしかSOSを出せなかったというのは、私たちスタッフとしても非常に悔しい想いがあります。もっと早い段階で、スタッフはじめたくさんの人を頼ってほしかったと思いますが、通院が途絶えると、私たちにできることにも限界があります。

ストレスを解消する選択肢を間違う

受け止めきれないほどしんどい出来事があり、自尊感情が大きく傷つけられ、どんなに自暴自棄なときでも、その人の前には選択肢が用意されています。

ストレスへの対処法――ストレス・コーピングは、人それぞれです。家族や友人に愚痴を聞いてもらう、ゆっくりお風呂に入る、旅行に行く、美味しいものを食べに行く、欲しかったものを買う……ストレスの種類や度合いに合わせて、いくつものコーピングがあるのは、とても健全なことです。しかし、そのコーピングに不適切なものが混ざることもあります。適正飲酒量をはるかに超えた飲酒、借金をしてまでのギャンブルなどがそれに当たります。自分と他者にとって有害になり得るもので対処してしまう、ということです。人への加害行為をコーピングに選ぶのはその最たるものですが、性を介した暴力的なコーピングを選択したのは、加害者自身です。

ストレスやなんらかの苦痛を緩和するために、自己治療として性加害を選択する。そして、被害者が抵抗しなかったことを「受け入れられた」と誤認し、承認欲求を満たす。ほかの選択肢もあるのに、なぜ性暴力だったのか――あるときの対話プログラムで参加者に、「性加害によって他者からの承認欲求を満たしたいという欲求は、本来、性加害ではなく別の方法で欲求充足をするべきですが、なぜあなたは性加害だったのか」と問いかけました。

――自分に自信がなく女性と付き合ったことがなく、また話しかけることもできずにいて、それらのことを解決するのに問題行動が手っ取り早いと思ってしまったのだと思います。

――積極的に人と関わる、女性と関わってコミュニケーションをとるなどといった、まっとうなやり方をするのが面倒くさい、怖い、失敗したら嫌だという思考から、そういうことを避けていたと思います。でも欲求はある。だから別の方法で満たそうとする。そしてその先に性加害があった、ということだと感じます。

それ以外の方法を知らなかったし、承認欲求だけを求めて加害をしていたわけではないから。性的興奮や嗜好、支配欲、有能感を味わいたかったのも大きい。

自分は、性加害自体で承認欲求を満たしていたとは感じていません。ただ、仕事で成果を残すことで満たされる承認欲求、それに対してかかるストレスのはけ口として行なっていました。それに性加害を選んだのは正直その時の自分にとって問題行動が一番ストレス解消になっていたためだと思います。

自分が外の世界に対して隠していた最も強い欲求が性欲であったことと、性欲に負けたことで受験に失敗し人生が破綻したという意識が、自分のなかにつよくあったと思います。性欲に負けた人生だということには変わりないと決め込んで、加害に及んでしまったと思います。

――2023年4月　にのみやさんへの手紙

これらの回答を見て私は、承認欲求と性加害の関係にピンときていない参加者が多いと感じました。両者をつなげて考える問いを投げるのは、若干早かった可能性もあります。女性とのかかわりやコミュニケーションなどの人間関係、それから性欲に関連づける参加者が目立ちました。性欲や、女性とかかわりたい気持ちからの性加害というのは、一見それらしく見えるものです。社会でも「性暴力は性欲が原因である」が通説となっており、逮捕後の取り調べで警察官が「性欲をもて余してやった」というストーリーにまとめあげた調書の話はよく聞きますし、メディアも「性欲を抑えきれず」という警察発表の情報をそのまま報道するところがあります。

この〝わかりやすさ〟には注意が必要です。対話プログラムで話したり書いたりするものに正解はありませんが、安易に流れるのはよいことではありません。

被害はなかったことにできない

国内外において、性加害と承認欲求についての研究は、まだほとんどされていません。

ただ、これまで加害者臨床の現場で、痴漢行為を繰り返していた人が「相手が抵抗しないのは、僕のことを無条件に受け入れてくれたってことですよね」と言ったり、職場でも家庭でも自分は不遇な立場にいると感じている男性が、痴漢行為をして「僕にとって承認欲求を満たせる唯一の場は、電車内なんです」と言ったりするのを聞いてきました。子どもに性加害をした男性たちは、よく「子どもは無条件に僕を受け入れてくれる」と言います。なぜ承認欲求が性を使った加害行為につながるのか、私自身も引き続き追求したい課題ですが、各方面で研究が進んでくれることを願います。

なぜ性加害だったのか、という問いに対する皆さんの言葉、なぜ性加害じゃなくちゃいけなかったのかが、正直に申しますと、皆さんの文章だけからでは私はあまり納得できませんでした。

そもそも、「性加害」とは、同意がない状態で行われる性に関する加害行為全般のことを広く意味する表現ですよね？　どうしてよりによって、被害者を毎回生んでしまう性加害にみなさんは傾倒しなければならなかったのか。性加害以外ではなぜいけなかったのか。そこが良く分からない。もうちょっと、プログラムの時間に皆さん同士でそこを突っ込んで考えてもらえたら嬉しいです。

自分の問題行動が加害行為だという認識さえなかったと仰る方もいらっしゃいました。最初はそうだったかもしれません、じゃあ気づいてからは？ 気づいてからはどうだったのでしょう？

先にも書きましたが。いくら理由が正当であろうと何であろうと、みなさんの為した行為は加害行為であり、犯罪行為であり、被害者を生み出した、そういう代物です。みなさんの為したことはどんな理由を添えようと、なかったことにはなりません。いくら反省しようと罪を償おうと、そのことは変わりません。厳然とそこに被害は在ります。被害をなかったことにはできない。

だからこそ、みなさんは、なかったことにはできない被害（加害）とどう向き合ってゆけるか、が問われているのではないでしょうか。

——2023年5月　にのみやさんからの手紙

設問を考えた私たちの意図と、参加者からの返信がズレることは時々あります。「なぜ私でなければならなかったのか」「なぜ性を使った暴力でなければならなかったのか」という本質的な問いほど、そうなると感じます。加害者臨床は、三歩進んでは二歩下がることの繰り返しなのだと痛感させられるのは、こんなときです。

かといって、外堀を埋めながら本質に近づいていくアプローチが必ず功を奏するとも限りません。参加者一人ひとりが対話プログラムに参加したタイミングもまちまちなので、足並みを揃えてのアプローチが難しいのも、理由のひとつです。

ときに、このようにズバッと問いかける。参加者は考え、葛藤する。にのみやさんのこのメッセージも、彼らの回答を否定するものではありません。もともと、唯一の正解がない問いです。自分たちがしてきたことの核となるものを問われているのに、彼らに葛藤が感じられなかったのだと思います。

自分にも他人にも価値があるという健全な思考

対話プログラムは、自分の弱さを認めオープンにする場です。これは、自尊感情を回復するきっかけにもなり得ます。手紙を書くときも、対話するときも、正直でいることが求められますし、それによって「飾らない自分でいい」と知ることになります。にのみやさんも参加者を一人の〝ひと〟と見て対話をしています。あなたの加害行為は許容できないが、あなたの人格は尊重するという、にのみやさんの誠実な姿勢を感じます。

これまでは低い自尊感情を高いプライドで支えながら、無理に自分を大きく見せようとしてきた人たちです。重い鎧《よろい》を一気に脱ぐのは難しいですし、丸裸になるような怖さもあるでしょう。性加害によって、相手を支配するだけでなく、同性に対して「こんなこと、俺にしかできない」「こんなことをできる自分は、人より優れている」と優位性を確認していた人が少なくありません。とても歪《いびつ》な優越感です。

まったく違う状況ながら、私にも似た経験があります。高校時代、サッカーのプロ選手を目指していたのに、ケガで断念せざるを得なくなった。サッカーをやめた自分は、丸裸になって人前にいるような気分でした。「これなら自分は人より優れている」という優越感で自分を支えていたのに、それがなくなってしまったのです。なんともいえないほど心細く、自分はどうなってしまうのだろうという不安がありました。素の自分になるとは、そういうことです。

対話プログラムの参加者から、「最初は正直に話したり書いたりするのが怖かった」と聞くこともあります。しかし自分より先にプログラムに参加していた人たちが、正直に自身のことを綴り、それが受け入れられたり、共感を呼んだり、フィードバックをもらえたりするのを見ているうちに、「そのままの自分をさらけ出していいんだ」と思えるようになります。虚勢を張ってハリボテのプライドで自分を支えなくていいし、それによって脆弱な自尊感情を守らなくてもいい。〝正直に書く・話す〟は、自尊感情とプライドのあいだを埋め、バランスをとっていく作業であるともいえます。

にのみやさんは、あるときの手紙で参加者にこんなメッセージを送っています。

皆さんからのこのお手紙を読んでいて、ふと思いました。男は強くあれ、とよくひとは言いますけれど、そもそも強さって何だろう。

私は、本当の強さというのは、自分の弱さや醜さを曝《さら》け出せること、だと思っています。自分の弱さや醜さを曝け出すことができれば、周囲と繋がることもできる。そう思いませんか？　その力こそが、本当の強さなのではないのかな、と。私はそう、思うのです。

――2022年6月　にのみやさんからの手紙

弱さや醜さを開示することで、周囲とつながる――対話プログラムは、同じ問題を抱えた仲間と出会える場でもあります。自分が書いたものを受け入れてもらうことが、自分も相手の書いたものを受け入れることにつながります。お互いに、「自分にもあなたにも価値がある（I am OK, You are OK）」と承認し合うのは、健全な姿でしょう。

一般的な人間関係においてもこれは理想的な関係で、しかし実現するのは簡単ではありません。特に、対話プログラムに参加している彼らは、そうした関係性からある意味もっとも遠いところにいました。プログラムを通して、何度も健全で対等な関係性を学べば、これまでのように自分より立場の弱い人に対して一方的に承認欲求をぶつけなくて済むでしょう。恐怖で固まっていただけの相手に「受け入れられた」と感じても虚しいだけなのですが、それまで築いてきた人間関係が希薄すぎるとその虚しさにも気づけないものなのかもしれません。

女性をうらやましいと思う心理

ここで、性加害者の女性観について考えたいと思います。なぜなら、それを考えることは彼らの「受け入れられたい」という承認欲求をより深く掘り下げることにつながるからです。それは、ある参加者の手紙から始まりました。

父から「お前は長男だから」「男なんだから」と期待されて生きてきたので、私が辛い思いをするのは、甘えちゃいけないのは、男に生まれたからだ。女に生まれていたらどんなによかったか。女がうらやましい、ずるいと感じてしまったこと、学生の時、女性の担任から「男なんだから泣くな」と言われ、男として生きるのが辛いと思ったことは、他者、特に女性に対しての振る舞いに大いに影響があったと思います。もちろんイコール問題行動には繋がらないとは思います。だからこそ根元が何なのか、「なぜ」なのかに苦しんでいます。

――2022年2月　にのみやさんへの手紙

にのみやさんは、このように返信しました。

女がうらやましい、ずるい。女に生まれていたらどんなによかったか！　本当にそうですね。どうして男だから泣いてはいけないのでしょう。男だろうと女だろうと、泣きたいときは泣けばいいし、長男だろうと次男だろうと、男だろうと女だろうと、同じように扱ってほしいですよね。そうやって生まれた瞬間から私たちは男女の別で扱いの差別を受け続けています。いつの間にかそれがしみ込んで、自分も同じように誰かにそう接していたりします。皮肉ですよね。
確かに仰る通り、イコール問題行動、というわけじゃないと思います。でも、それが一因になったことも否めないのではないでしょうか。女性に対する嫉妬のような憎悪というか。そういったCさんの気持ちが、「女なんか加害されて当然」というような意識に繋がっていたのかなぁと私は想像しますが、どうなんでしょう？

――2023年3月 にのみやさんからの手紙

彼の手紙のなかで、にのみやさんと私が特に注目したいと思ったのは、「女性がうらやましい、ずるい」という認識です。一読すれば、彼が子どもの頃から男らしさを強いられてきた息苦しさから、その認識に至ったことがわかります。しかしそこで彼は、男らしく振る舞うことに抵抗のない同性や、なんの息苦しさも感じず男性として生きている同性ではなく、異性に対してネガティブな感情を持ちました。いささか短絡的という印象も受けますが、これは彼だけに起きている現象なのでしょうか。

これを受けて、参加者らにこんなふうに問いかけました――「あなた自身が、男として生きることが辛いと思った経験を書いてください。また、女がうらやましいと思った経験も書いてください」。

――

男だからという理由で自分ばかりきつい仕事をやらされ、給料は同じ。都合の良い時だけ「女だからできない、弱い」とアピールして上手くやっかい事を避け、男に押し付ける女性に腹が立ち、うらやましいと思った。

「女は顔が良かったり、男を立てて、養ってもらえば良いから、よいご身分で人生イージーモード」「男は金や地位、顔がないと結婚もできず損」性差別で上記のように逆恨みしておりました。

中高と、モテることがなく、失礼なことですが、「あの可愛くない人でも彼氏持ちかよ」と、女は可愛くなくても付き合える、男は顔がいいか、突出して面白くなければ付き合えない、と全く間違った考えで、自分も顔で判断しているのに、女性は顔で判断する奴らだと自分を棚に上げて思っていました。

建築関係の仕事をやってましたが男性は力仕事。夏は暑い、冬は寒い。雨でも雪でもやる。休憩中もほぼ仕事（図面確認や次の工程について）。女性は事務みたいな。クーラー、暖房あり。室内。お茶とかお菓子とか。

自分が水商売をやってた時、女は短時間で高い給料もらえていいなぁと思いました。

性衝動が抑えきれず、性加害をしてしまう自分を知った時、「女だったら、こんなことしてなかったんだろうな」と思い、辛くなった。女性がうらやましいと思った時は、服が安いし、バリエーションが多く、おしゃれができていいな。と思った。が、にのみやさんの話を聞き、それができなくなっている女性が、自分の被害者のなかにもいるのかもと思うと辛くなった。

「男が力仕事をやる」と、辛い作業や苦しい作業をさせられる。学生の時は男同士でよく喧嘩（暴力など）があったが、女は暴力などの喧嘩が起こらず、平和に（静かに）に生活ができてうらやましいと思った。

ここでは、女性をうらやましいと思ったエピソードを主にあげましたが、回答のなかには「そう思ったことはない」「女性のほうが大変だと思う」というものもありました。その理由としてあげられているのが、月経など身体的な負担や、女性同士の関係性はコミュニケーションを求められるから気遣いが多そう、というものでした。また妻や姉妹の生活を間近で見て、うらやましいとは思わないという回答もありました。

女性に嫉妬しつつ下に見る「弱者男性」

先に上げた回答を一読して、「ネット空間やSNSでよく目にする言説そのものだ」と感じた人も多いと思います。女性は社会のなかで優遇されているため人生を楽に生きることができる、男性こそが不利を強いられ苦労の多い人生だというのは、〝女尊男卑〟の考えだといえます。近年では、「弱者男性」という概念もメディアで頻繁に見聞きします。

現実は、拙著『男尊女卑依存症社会』にも書いた通り、日本社会の大部分において男性に有利な構造が今も温存され、社会全体がその構造に依存しています。だからといって、すべての男性が生きやすいわけではありません。そこに馴染めず、あるいは取りこぼされてしんどい想いをしている男性は大勢いますし、対話プログラムの参加者らもそれを強く感じていることが回答からもわかります。女性が尊ばれ男性が卑しまれているように感じている男性は一定数いるようです。

回答には、女性の仕事が楽であるように見えるとありました。その側面がまったくないとは言いませんが、そのぶん女性は男性と比較すると非正規雇用の割合が多く、賃金も低い。女性は恋愛において努力しなくても相手に出会えるというのも、たいへん偏った見方でしょう。女性を「ずるい」と思うのは、本来なら有利な立場に置かれるべき存在ではないはずなのに、その立場を享受している（ように見える）からでしょう。女性をうらやんでいるようで、その実、下に見ていることの表れだと思います。

彼らのこうした認知が問題行動に直結するわけではありません。しかし、彼らは問題行動の対象に、自分よりいろいろな意味での〝力〟が強いと思う相手、尊敬している相手のことは選びません。下に見ている相手だから自分のことを受け入れるのが当然、という考えには、こうした社会的な背景があります。女尊男卑の価値観を一度捨て、自分の女性観は男尊女卑に基づいたものだと知る必要があります。

女性にモテて当たり前、と思わせる社会

続いて考えたいのが〝モテ〟です。性加害者の一般的なイメージは「モテなくて、性欲をもて余した男性」というのが根強いですが、加害者臨床の現場で〝モテ〟が話題にのぼることはあまりありません。ただ、これから紹介する手紙には見過ごせない点がありました。これまで見てきた「承認欲求」と「男らしさ」の二点です。

私は母に甘やかされ、全肯定されて育ったので、社会に出て女性から思ったようにモテず、言いよられないことに不満で、バレンタインでチョコをくれない女性たちを逆恨みしていました。何もアプローチもせず、ハーレムのように女性からモテると思い上がっていてキモチワルイから、モテないのです。バレンタインデーで思春期の私は「傷付いて」いましたが、これは自爆であり、自分をふりかえり、成長するためのメンタルの「成長痛」であって、理不尽な暴力を受けた訳ではありません。加害者の「傷付けられた」という被害者意識が、加害という逆恨みになっていることはあると思います（私はそうでした）。

――2023年3月　にのみやさんへの手紙

モテというのは、異性から承認された先にあるものだと思います。彼はハーレムのような状況を、男性として当然、とまでは言いませんが、理想的な状態と考えているようです。しかもそれを、自分では何もしないまま無条件で与えられると思っている。

加えて注意したいのは、女性一人ひとりの人格や個性などは求めておらず、ただ「女性」と一括りにしている点です。女性と出会い、お互いを知り合って、交際に至る……というプロセスは彼のなかにはないようです。が、その結果、傷ついたのは彼自身です。勝手に傷つき、勝手に逆恨みしての問題行動は言語道断ですが、彼は今、対話プログラムで、そのことを精いっぱい冷静な視点でふり返っているところです。

女性に受け入れられなかったことで傷つき、女性を恐れたり恨んだりするのは、子どもに性加害をする人にもよく見られる現象だと感じます。拙著『小児性愛という病　それは、愛ではない』（2019年　小社刊）発売直前、SNSでこんな投稿がバズりました。

「同世代との関係性で挫折したボクたちから、子どもを性の対象として消費する権利まで奪うのか」

この投稿には数万もの「いいね！」がつきました。同年代の女性との恋愛に挫折し、そのことで女性を恨み、ミソジニー（女性嫌悪）といっていい状態に陥る人は現実社会に一定数います。その全員が全員、「小さい子どもなら拒絶されない、自分を受け入れてくれる」という偏った認知を持ち、性加害に至るわけではありませんが、これまで私が、小児性愛障害の診断がついた人、実際に子どもに性加害した人の多くから、同様のエピソードを聞いてきたのも事実です。

小児性加害者でなくとも、女性への逆恨み、嫌悪感が問題行動につながっている人が少なからずいると感じるのは、参加者から「女性が傷ついたことがうれしい、興奮を覚える」という発言があったときです。

あるとき対話プログラムで、「女性を傷つけることで満たしたい欲求とは何か」を尋ねたところ、次のような回答が集まりました。

- 対戦ゲームで勝利するような感覚
- 何でもいいから誰かに勝ちたい
- 「さびしい」「取り戻したい」
- 女性に対する劣等感の払拭や復讐心
- ざまあみろという感じ
- 女性になんらかの影響を与えたという満足感
- 自分の男性としての立場を保証できる安心感を得ること
- 支配欲
- 自分を認識させる手段、承認欲求

自分を承認しない女性を恨む、それによって女性に復讐するかのごとく性加害をし、傷ついた女性を見て歓びと興奮を感じる。ここにも歪んだ承認欲求が見て取れます。こうして得た充実感は、すぐに消えてなくなるでしょう。彼らが抱えている承認欲求の問題は、何も解決されていないからです。そうして次のターゲットを探すことになる……やはり彼らが自身の承認欲求を自覚しないと悪循環はいつまでも続き、行動変容につながっていかないと思います。モテについて、にのみやさんは手紙で次のように書きました。

「モテない」ことを悩みに持たれていた方々が結構いたのですが、それは女子も同じでしたよ。でも、女子は女子同士で比較し合ってましたね。「あの子彼氏できたんだって！」「えー、信じらんなーい、あんなんで!?」みたいな、女子同士の酷い会話が結構あって、私はそういうのが苦手だったし大嫌いでしたが。それと、女の子は見た目だけで男子を判別するわけじゃありません。確かに見た目がよければ目につきやすいかもしれませんが、それで性格が最悪だったりしたら、無理です。いっときモテるように見えるかもしれませんが、顔だけいい、という男子とはだれも関係を作れません。ひととひととが関係を築くというのは、顔がいい悪いだけじゃないです。目立たなくても地味でも、いつもどこか踏ん張って頑張ってるひとは、自然と光って見えて来るものですから。私は皆さんに、もっとひととの関係を深めていってほしいです。深めるのははっきりいってしんどいものです。互いに互いの違いを知り受け容れ合わなければ関係性は深まってゆかないのですから。違いを知り、受け容れ合う。そのしんどさを越えてはじめ

て、理解というものがあり得るんだと思います。理解し合えたときの喜びを、みなさんにもっともっと知っていってほしいなと私は思っています。

——2023年4月　にのみやさんからの手紙

確かに〝モテ〟への関心が高く、その度合を競い合うのは、男性だけではありません。にのみやさんが伝えてくれた女性同士の会話は、参加者の男性には新鮮に響いたことでしょう。それでも女性には、無条件にハーレム状態になると妄想し、それが叶わなければ逆恨みをするという人は、男性と比べて少ないのではないかと思います。背景に、「男性の性欲は、女性に受け止められて当然」という社会通念があると私は考えています。また、それを実現できることこそ〝男らしい〟とする文化もあるでしょう。昔から英雄色を好むといいますし、女性にモテること＝力の証だという考えは、根強く残っています。

にのみやさんは、そこを見直してほしいと言っているのではないでしょうか。力の証として女性を見るのではなく、その人格を見てほしい——相手を力で支配し、その人格を踏みにじった彼らには、このことをよく考えてほしいと思います。

先ほどの手紙の彼は、にのみやさんからの言葉を受けて次のように返しました。

にのみやさんのおっしゃる通り、自分の〝傷〟やイヤだったことを放置していると、また立場の弱い人でそのウサ晴らしをしてしまうことになるので、自分の〝傷〟は認め、自分でケアしたり、適切にSOSを出す必要があると思っています。一方で、私がそうなのですが、過去の〝傷〟を加害行為の言い訳にしてしまうので自戒を込めてあの文章を書きました。「女性からモテなくてツライ」と言う〝傷〟は、「自分の良さを理解しない女性が悪い」という逆恨みにつながり、「女のせいでツライのだから何をしても良い」と性加害につながります。「女性からモテなくてツライ」という〝傷〟を誰かと共有し、ケアしていれば加害のリスクが減ったと思っておりますが、「女性からモテなくてツライ」は女性は何も悪くなくて、私は何も人権侵害されていないので、人権侵害をされた被害者の方の〝傷〟はまるで別ものと思っており、同じ〝傷〟という言葉を使うことに抵抗があり、メンタルの成長痛と表現しました。

——2022年4月　にのみやさんへの手紙

繰り返しになりますが、承認欲求自体が悪いわけではありません。多かれ少なかれ誰でも持っているものですし、「あの人に認められたい」という想いが向上心につながることもあるでしょう。けれど、それを他者に、しかも同意なく一方的に満たしてもらおうと思ったのが、彼らの大きな間違いでした。相手の人格をまるで無視し、モノ化して、自分を満たすための道具として扱った結果が、性加害です。

二度と性加害を繰り返したくないと思いクリニックに通う彼らは、そこで仲間と出会うことができます。仲間同士のつながりによって、承認欲求を満たすことを覚えてもらいたい。対話プログラムはそのための場です。その場にいるのが同じ問題行動に耽溺した人たちだけだからこそ、自分の弱い部分、恥と感じている部分を表に出しやすいのです。それを仲間が受け止めてくれる実感を得て、健全な承認欲求を取り戻していけます。

対話プログラムには、なかなか自分のことを話せない人もいます。場を和らげるため、始まる前にお互いの肩をもみ合う時間を設けることがあります。アイスブレイクのようなものです。その様子を見ていると、「では、始めてください」と言った途端、無言で相手の肩に手を伸ばし、マッサージを始めようとする人が少なくありませんでした。私とにのみやさんは、これを特異な光景として見ていました。人の身体に触れるときは、なんらかの声かけがあるものです。「始めますね」「お願いします」という簡単な会話で、これから身体に触れ、触れられるのだと確認し合えばお互いが安心できますが、そのやり取りが完全に抜け落ちているのです。

無言のうちに始まったマッサージは、私からの「はい、交代です」の合図で、唐突かつ無言のうちに終わります。いくらプログラム内のワークといっても、「ありがとう」のひと言はあってもいいのではないか。いえ、あればお互いが気持ちよくなれると思うのですが、そうはならないのです。マッサージの時間は、終始無言で過ぎていきました。

一連の行動を見て、彼らには「相手の心身は、その人そのものだ」という認識が欠けていると思いました。それは、相手の心身を承認していないのと同じです。これまでの人生で、そんなふうに声をかけ合った経験が乏しいのかもしれません。「ありがとう」と言い合う経験についても同様です。日常的にそれをし合う関係を身近な人と築いてこられなかったのではないだろうか。

そんななかで承認欲求が満たされるのは、まず無理な話です。だからといって暴力を使って一方的な形で人に求めていいものではありません。健全な承認欲求の満たし方を知らない人は、社会に大勢いるでしょう。今は問題行動を起こしていなくとも、その一歩手前にいる男性は、案外多いのではないかという懸念も生まれてきます。

付け加えると、この声かけは性的同意について考えるうえでも多くのヒントを与えてくれます。性暴力とは「同意のない性的接触すべて」を指します。2023年に刑法が改正され、不同意性交等罪・不同意わいせつ罪が成立し、その行為が性犯罪であるかどうかは同意の有無によって判断されるという法律に変わりました。時間とともに、社会の意識も変わると思います。同意を確認するのは、触れようとしている側の役目です。相手から「イエス」の意思表示がはっきりと確認できなければ、触れてはいけません。その点、参加者は長いあいだ、同意を確認することのないまま他者の身体に触れ、心を脅かしてきました。これこそが、性暴力の本質です。

マッサージのワークは、相手に同意を取り、尊重し、結果的に自分も尊重されるという、彼らがこれまでしてこなかったことを身につける、小さな一歩になると思っています。

第4章

性暴力の加害者となった君よ、すぐに許されようと思うなかれ

謝罪というパフォーマンス

自分のしたことを謝りたい――これは、加害者といわれている人たちがよく口にする言葉です。被害者に直接、手紙などを書いて謝罪したい、被害弁済したい。クリニックのスタッフにそう相談する人もいます。現実にその機会が訪れることはめったにありませんが、もし仮にそのような機会があったとして、そこに記されるであろう内容を私はだいたい想像できます。

加害者が謝罪の気持ちを述べる機会は、まったくないわけではありません。起訴され刑事裁判が開かれれば、そこで「謝罪の手紙」を読み上げることは珍しくなく、私も幾度となくその場面に立ち会ってきました。異なる事件で、まったく別の被告人が、まったく別の被害者に対して書いた手紙。それなのにほとんどが、不思議なほど似通っています。「取り返しのつかないことをした」「反省している」「二度としない」「申し訳ない」……同じ言葉の羅列は、耳に入ってきても上滑りしてこころにはまったく届きません。その空虚さに神経を逆撫でされる被害者、その関係者は少なくないはずです。

2024年、ある性犯罪事件を担当している刑事弁護人が、被告人に謝罪文を作成する能力がないのでチャットGTPを用いて謝罪文を作成させた、という報道がありました。謝罪文は文章の上手い下手ではなく、事件に真摯に向き合っているかどうかが重要です。AIが作成したと被害者が知った場合、それこそが二次被害につながります（読売新聞、2024年4月5日、性犯罪の加害者側の弁護士、生成AIで謝罪文…『特に問題ない』と検察・被害者側に利用伝えず」）。

私もこんな謝罪ならないほうがいいと思うのですが、それは被害者側の弁護人も同じようで、「形式的な謝罪の言葉を並べ立てるだけで、セレモニーでしかない。被害者に悪い影響しか考えられない」と話す方もいます。何より辛いのは、裁判官が被告人の反省を評価して、相場よりも軽い量刑の判決が出てしまったときです。もちろん謝罪文のよしあしのみで量刑が決まることはありません。しかし、被害者の心情を思うと、いたたまれないものがあります。

プログラムに参加する人たちの「手紙を書きたい」も、たいていはこれと同じで、被害者ではなく、自分のために書きたいのです。謝罪と反省については、対話プログラムでもたびたび取り上げるテーマです。加害をした側は、なぜそんなにも謝罪をしたいのでしょうか。被害を受けた側にとって、それはどんな意味を持つものでしょうか。

彼らのしてきた問題行動を、依存症の側面から見るとわかりやすくなります。依存症に陥った人は、スリップ（再発）したとき実によく謝ります。アルコールでもギャンブルでも万引きでも、行動のパターンは同じです。

もう二度としないと誓ったことに再び手を出す……本来、依存症とはスリップを繰り返しながら回復に向かっていくものです。臨床的にもそれは回復の一過程とされているのですが、身近な人はどうしても多大な迷惑を被るので、「二度と飲まないって言ったのに、嘘つき！」「裏切り者！」と強い言葉が出るのも無理からぬところがあります。スリップした本人がその逆上を抑えるため涙を流して精いっぱいの反省を示し、土下座し、謝罪の弁とともに「もう二度としない」を繰り返すと、家族は一応その場ではそれを信じます。けれど、またスリップする日がやってきて同じことが反復される……家族は「あのときの反省と謝罪は何だったのか」とさらに裏切られた気持ちになります。

何のために、不毛ともいえる反省と謝罪を示すのか。それは、その場を収めるためです。本人にも「迷惑をかけた」「自分はダメな人間だ」という気持ちはあるのですが、それよりもその場をなんとか切り抜けたい気持ちが大きいのです。相手に「深く反省している」という印象を与えることができれば、自分への追及が終わることを彼らは知っています。しかし、本人の反省の深さと再発率はまったく相関関係がないとわかっています。依存症治療の現場で、スリップしたことをクリニックのスタッフや仲間に謝る人は多いですが、その態度が評価されることはありません。同時に、責められもしません。泣き崩れんばかりの態度で反省した人が時を置かずにスリップし、一見反省の色がなく治療へのモチベーションも高くなさそうな人が長くスリップしない、というのはよくあることです。

本来の反省とは、その場でのみ発揮される〝点〟ではなく、日々連続してつなげていく〝線〟のようなものです。点が一つひとつ並び、やがて線になる。そして誰かに見せるものではないため、涙を流すとか土下座するとかのパフォーマンスも不要なのです。

2022年には元自衛官の女性が、在職中に自分より階級が上の男性自衛官3人から受けた性被害を告発しました。それを受けて加害者らは彼女と面会し謝罪するとともに、反省を綴った手紙を渡しました。しかしその後、女性が被害届を出したことで開かれた裁判で、彼らは一転して起訴内容を否認しました。自分たちは強制わいせつ罪（当時）にあたる行為はしていない、と主張を変えたのです。

では、あの謝罪は何だったのか。報道によると、彼らはそのことを公判で「防衛省から『土下座してくれ』などと指示を受け、自らの意思に反して謝罪した」と述べたそうです。つまりは、組織の指示によるパフォーマンス。いざ裁判になると、刑罰受けたくなさにそれをあっさり撤回したということです。被害者の気持ちは、いかばかりでしょう。2023年12月、3人ともに執行猶予のついた有罪判決が言い渡されました。

対話プログラムでは、参加者に形ばかりの反省や謝罪は求めません。それでも彼らは事あるごとに反省と謝罪を口にし、文章にします。それは彼らがそうしたいからしているだけで、そこに被害者はいません。というのも、彼らは「加害者からの謝罪」について被害者がどう思っているかを知らないのです。確かに、知る機会はありません。想像力を働かせることはできるはずなのに、それをしないまま自分の「謝罪したい気持ち」を優先します。にのみやさんが、機会があるごとに被害者としての本音を彼らに伝えてきたのも「被害者のことを第一に考えてほしい」という想いがあってこそです。では、にのみやさんにとっての謝罪とは？　前述しましたが、にのみやさんは、被害から十年目に自分の加害者に直接会い、謝罪を受けた経験があります。そのときのことをふり返り、ある参加者への手紙にこう綴りました。

少なくとも私の加害者は、私への加害行為、その行為だけを取り上げて謝罪していたと私は感じました。だからこそ、被害後人生そのものが丸ごとひっくり返ってしまった被害者である私にとって、納得がいかないものだったんだと思います。

加害行為は、いってみれば一瞬ですよね。一瞬の出来事、です。でも。被害者はその後の人生がたとえば五十年残っていたとして。その五十年を丸々、ひっくり返ったまま滅茶苦茶なまま、生き続けていかなければなりません。それがどんなしんどいことか、とてつもない残酷なことなのか、きっと今のHさんなら想像できますよね？

――2019年4月　にのみやさんからの手紙

かつて上司であった男性は、にのみやさんに対して自分がした具体的な加害行為について謝罪したのでしょう。そこに、にのみやさんが求めるものは含まれていませんでした。彼は、性被害の影響がいかに長く続き、その後の人生を蝕み続けるかについては、考えがまったく及んでいなかったからです。

男性が、その場で何を考えていたのかを想像してみましょう。加害者にとっても、被害者との対峙はストレスフルな出来事だと思います。「責められるのではないか」「何を言われても、文句は言えない」という気持ちでいっぱいでしょう。「死んでもお詫びしきれない」も、加害者から出る定番フレーズです。なんとも言えないほど居心地が悪く、早くこの場から逃げ去りたい。そのためには、自分がした一切合切を謝ってしまうのがもっとも手っ取り早いだろう……というところでしょうか。被害者であるにのみやさんが今何を考えているのか、自分に何を求めているのかを微塵も考えることのないまま、あくまでもその場を収めるためだけ、自分のためだけの謝罪だったと推測できます。それをにのみやさんが「納得いかないものだった」と感じるのは、しごく当然のことです。被害当事者も一人ひとりで考え方は違います。しかし、加害者の自分本意な謝罪を歓迎する被害者は一人もいないと断言できます。

また別のときに、にのみやさんはこうも綴っています。

反省や謝罪、という言葉から導き出されるイメージには、終わりがありますよね。反省した、謝罪した、受け容れられた、やっと終わった、というような。でも被害者から見ると、「終わりなどない」というのがたぶん、正直なところなんだと思います。そしてまた、これは性犯罪に限らず、被害者を生み得た犯罪行為について、葛藤し続けることに終わりは、ないんだと私はやっぱり思います（葛藤し続けるのはなにも加害者だけではありません、被害者もそうなんです）。つまりそれは、反省や謝罪ではなく「贖罪」という言葉がもっとも似合っているのではないか、と。そう気づかされました。
もちろん被害者の中には、加害者にも幸せになってほしい、と願う人間もいます。たとえば私自身、加害者のひとたちが己の幸せを欲することに対して、責める気持ちや否定する気持ちはありません。むしろ、そういうものは生きる上で必要なものだと思ってい

ます。同時に、だからこそ葛藤し続けることは責任なのではないかと、そう思うのです。加害者となった者の責任、ですね。
そうした責任を一生涯背負い続けるのが、加害者がこの犯罪行為や被害者に対して唯一できることなのかもしれません。それこそが、真の謝罪であり反省であり、そして、そうした姿勢こそが贖罪なのだと。私はこの時、気付かされました。

——2019年9月　にのみやさんからの手紙

反省や謝罪ではなく「贖罪」、という箇所に注目しましょう。罪を贖《あがな》う。辞書では「善行を積んだり金品を出したりするなどの実際の行動によって、自分の犯した罪や過失を償うこと。罪滅ぼし」と解説されています。謝罪とは、重みの違う響きがあります。言うまでもないことですが、にのみやさんは善行や金品を求めてはいません。罪を贖うために加害者ができるのは「葛藤し続けること」「責任を一生涯背負い続けること」なのではないか、という考えが伝わってきますし、そのくらいのことをしたのだ、という言外のメッセージも込められているように私は感じます。

許されることを前提としている傲慢さ

反省や謝罪のパフォーマンスはその場を収めるためのものなので、やりすごすことができたら〝終わり〟です。その後は、またたく間に自分が加害したことを忘れる可能性もあります。「被害者に終わりなどない」ことには思いもよりません。加害者の謝罪が、被害者をさらに深く傷つけることになるであろう理由のひとつが、ここにあります。自分たちが当事者となった事件への解像度が、被害者と加害者とで差がありすぎるのです。「加害者には時効があるけれど、被害者に時効はない」ことを知るのは、贖罪の第一歩でしょう。

もうひとつは、加害者にとっての謝罪は基本的に、「許される」ことを前提としている点にあります。自分は被害者に対して取り返しのつかないことをしてしまった、決して許されないことをしてしまったと言いながら、どこかで許されることを期待している。それを実現するための手段が、謝罪なのです。これまた、被害者のことを考えていない、自分本意な発想です。

さらに問題なのは、自分は許されないとわかったときです。これまでのしおらしい態度を一変させ、「こっちはこんなに謝っているのに！」「なんで許そうとしないんだ⁉」と怒りをあらわにし、許してもらえない自分こそが被害者であると感じ始めるのが、ひとつの典型です。どこまでも身勝手です。ある参加者は、こんなふうに綴りました。

正直に言って、私にも許されたいという気持ちがあります。後悔をしているからこそ、自分を守るために心の平穏＝許しを欲してしまいます。それと「被害者はそれほど傷ついていないのではないか（そうであってほしい）」＝許される程度の傷つきであってほしい、という甘えのようなものも私の中にはあります。もちろん許されないであろうこと、仮に許されても、それで終わりではないことは存じておりますが、嘘をつきたくないので本音を書かせていただきました。

――2022年11月　にのみやさんへの手紙

被害者が自分を許すかどうかで、自分のした加害行為の重さを測りたい。それほど重くないのだと知って心の平穏がほしい……たいへん正直に書かれた手紙だと思います。この参加者は少なくとも、謝罪は〝自分のため〟であることを自覚しています。

これが性加害をした人だけに特有の考えかというと、そうでもないように思います。たとえば、学校でDくんが悪ふざけによってEくんの大事なものを壊してしまったとします。

Eくんとしては到底許せることではありませんが、Dくんが泣きながら一生懸命謝っていると、クラスメイトや先生はEくんに、「こんなに謝っているんだから、許してあげたら?」「Dくんがかわいそうだよ」と言ってくる――実によくある光景だと思います。Dくんの謝罪が周りから評価されるほど、許さないEくんが意固地で心の狭い人間だと思われます。ここで、大事なものを壊されて傷ついたEくんの気持ちが置き去りにされるのは、あってはなりません。しかし、反省と謝罪と引き換えに許しを得られるのだと繰り返し学習してきた第三者の目には、許さないEくんがDくんに対して意地悪をする加害者のように見えてきます。

謝罪と許しがセットになることで、人間関係が円滑になることもないわけではないと思います。ですが、世の中には許せることと許せないことがあり、性暴力は間違いなく、後者にあたります。その暴力がどちらに当たるかを決めるのは、加害をした側ではありません。加害者に求められるのは、許されたいという気持ちを一度リセットして、自分のした加害行為に向き合う姿勢です。具体的には、にのみやさんが綴った、「葛藤し続けること」「責任を一生涯背負い続けること」になるのでしょう。

にのみやさんは、「謝罪と許し」について次のように書きました。

時々、被害者に許してもらうにはどうしたらいいか、というようなことを訊いてくる加害者の方がいらっしゃいます。

申し訳ないが、はっきり言います。勘違いも甚だしいと思います。

被害者に許されればそれで済むのか？　否ですよね。

加害者の方の多くは、自分が犯した問題行動その瞬間のみを想定して、そこに向かって謝罪しようとする。少なくとも私が被害のその後をみなさんにお伝えするまで、そういう方がとてもとても多かったと記憶しています。そして、許されたがる。

でも。

何度も言いますが、被害者にとってその、加害者が犯した加害行為だけが問題なのではないのです。その後を生き続けることにおいて、生きづらいことこの上なくなってしまった、そのことが大変なのです。

この被害者と加害者における感覚の差異。この差異を、ちゃんと捉えていない方がとても多い気がしています。

そもそも、被害者に許されれば自分の罪が消えてなくなると思っていること自体間違いじゃないでしょうか。生涯背負っても足りないくらいのことを自分が犯した、それが罪であるという意識が本当におありですか。

被害者が許すか許さないか、そんなことは脇に置いて、自分がここからどう生きるべきなのか、そこを自身に問い質《ただ》さずして、何も始まらないと私は思います。そのことに至っていないひとたちの何と多いことか。

自身がなぜこんな罪を犯したのか、罪を犯さずにはいられなかったのか、そういったことから始まって、ここからいかに生き直すか、生きてゆくのか、そういったところまで、自身に常に自問自答していかなければならない。それが、罪と向き合うことなのではないのでしょうか？

誰かに許されれば罪から解放されると思っている時点で、それは間違っていると私は思います。

そもそも許すという字が違う。

赦すか赦さないか。です。

そしてそれは、他の誰も侵《おか》してはならない、被害当事者だけがその選択を決定できるのです。

そして、被害者に赦されようと赦されまいと、加害者は己の罪と向き合いながら、生きてゆかねばならない。そういうものだと私は思っています。

だから、敢えて言わせてください。

性犯罪加害者になってしまった君よ、すぐに被害者に許されようとか思わないでくれ。そうではなく、ここからどう生き直すのか、そもそも自分がなぜこんな罪を犯したのか、それはどれほどのひとや時間を巻き込み、誰かの人生を薙《な》ぎ倒したのか、等々、他人に問うのではなく自分で考えていってほしい。問うて誰かが応えてくれる、それで安心してしまってはならないんだ。常に自問自答を続けること、それが、いかに生きるかに繋がるのだから。その姿を、生き様を、被害者はじっと、見つめている。

更正、じゃない。更生、なのだ。

罪を犯したその先にあるのは更正じゃない。更生、だ。私はいつもそう思っている。だからこそ、今ここから何ができるのか、どう生きるのか、実際どう生きているのか、が常に問われていると思う。生き様で示せよ、赦されたいと本気で思うのならば。赦されようと赦されまいと、自分はこう生き直すのだ、こう生きるのだ、と。懸命になってくれよ。

そう言いたくなるくらい、被害者は日々、一瞬一瞬、綱渡りの生を生きてるんです。

——2021年11月　にのみやさんからの手紙

厳しい言葉が並んでいるので、対話プログラムでこれを読み合わせたとき、目を逸らしたくなった参加者もいると想像します。けれど、被害者が生の声を加害者に届けるのはいかに勇気がいることなのか、一つひとつの言葉を紡ぐのにどれほどの時間を要したかを想像すれば、逃げるという選択肢はまっ先に消してほしいと思います。

「許す」ではなく「赦す」。口に出すと同じ音の言葉ですが、対話プログラムでは明確に分けて使っています。簡単に説明すると、「許す」はこれから行う行為を認めることで、「赦す」はすでに完了した行為の失敗をことさらに咎《とが》めないことを意味します。要は、時間の向かう先が違い、両者は意味が似ているようで、本質的に異なります。

一つ例を挙げます。交通事故で小学校2年生だったご子息・隼《しゅん》くんを亡くされた片山徒《ただ》有《あり》さんは、現在その経験を生かして、全国の少年院などで被害者家族の立場から自身の体験談を語る活動を精力的に行っています。10年以上前、私も片山さんの講演を聞く機会がありました。そのとき、会場の参加者からこんな質問が出ました。

「今も、かわいい息子さんを交通事故で殺《あや》めた加害者のことを恨んでいますか」

片山さんは少し沈黙した後、こんなふうに続けました。

「事件から数年は、加害者のことを本当に憎みました。眠れない日々のなかで、この手で殺してやりたいと思ったこともありました。ただ、現在の活動を始めて、少年院などで加害少年たちと対話するうちに、私の考え方は徐々に変化してきました。どういうことかというと、おそらく息子を交通事故で殺めてしまった加害者も、刑務所にいくことで大切なものをたくさん失っただろう。やがて加害者も出所して社会で生きていくことになり、再び誰かとつながり、裏切ってはいけない大切なものができるはずです。そのとき初めて、加害者は交通事故で私から奪ったものがどんなにかけがえなく、大切なものだったかを思い知るはずです。だから私は恨むことをやめ、彼を赦すことにしたんです」

今も、私の胸に鮮明に残っています。この片山さんの心理状態が「赦す」です。「赦す」の意味と、そう簡単にその境地に至れないことが、ここに詰まっています。

許すことと、赦すこと

にのみやさんはたびたびサバイバー仲間や、性被害体験のある友人に声をかけ、対話プログラムに直接、間接に参加してもらっていました。それによって、被害者は一人ひとりが異なっていて、それぞれが唯一の人格を持った人間として生きてきたのだと、参加者に伝えたいのだと思います。被害に遭った時期も状況もまるで違います。と同時に、驚くほど似通っているところもあります。それは、その後の困難さです。被害に遭う前に歩んでいた人生、この先はこんなふうに歩んでいくのだと思っていた道が突如寸断され、強制的に違う道を歩くことになってしまった。しかも、本人がまったく望んでいない道です。
謝罪と贖罪、許しと赦しについて、にのみやさんは3人の友人に尋ね、それを手紙で参加者に伝えてくれました。

彼女に、性犯罪加害者についてどんな思いを持ってる?と訊いてみました。彼女はこんなことを言いました。「加害者が被害者に赦されたいのはわかるけれども、だって赦されれば終わりだと思えるんだろうからね、でも、贖罪ってそういうことじゃないよね、謝罪とかのレベルじゃないんだよ、君たちは自分で自分に十字架を背負わせたんだよって言いたい。贖罪の意識を持ってほしいって思う」と話していました。

赦す赦さないという件だけど、赦すことを決めるのは被害者側だと思うな。
例えば、お酒を飲みすぎて記憶が無かったとか、離婚して寂しかったとか、母親に虐待されて女を憎んでいるとか、原因や要因が少しでも理解できれば赦す気持ちに将来なれるのかも。これは加害者との対話にもつながると思う。私の場合も「なぜ犯人が、私に対してこの犯罪を犯したのか」その原因が分からなかったら、事件をある程度過去のも

のにして、次に進むことはできなかったと思う。私の時は、犯人がわざわざ自分の犯行の小説を書いて私に送り付けてきたので、それを読んである程度、事件を過去のことにする事ができた（笑。

謝罪、反省、贖罪に関してだけど。

謝罪は被害者に対して、慰謝料を払い刑を全《まっと》うすることかな。土下座してもらっても刑期が長くなっても、被害者の身体と心の傷は元に戻らないのだから、今の社会では金銭で謝罪するしかないと思う。反省は、加害者自身が二度と同じ犯行を起こさないことかな。薬を飲んだりカウンセリングに通ったり、自分は二度と同じ事を起こさない覚悟を決めることだと思う。


質問を聞いて率直にまず感じたのは、赦す、赦さないという感覚自体が今の私にはないなと、いうことです。

この感情を正しく伝える表現がとても難しいことなのですが、例えば、

「あなたは加害者を赦したいか？」と問われたとしたら、

「今になって、あえて加害者を赦したいと自分から決断するような感情もなく、その選択をしなければ生きていけない意味も理由もないかな」と答えると思います。

逆に、

「あなたは加害者を一生赦さないか？」と問われれば、

「赦さないという憎しみの感情すらも今はありません」と答えると思います。

私の人生において、たしかにレイプ事件から過去のある時点までは、加害者への感情や存在が入り込んでトラウマとなって苦しめていた時もありました。昔は加害者の人に対する恐怖や怒り、赦そうという気持ちもおそらくありました。

もしもそういう頃に、加害者が逮捕され、その中で私に対して加害者が本当の意味で泣きながらでも過ちを悔やみ、取り返しのつかないことをしたと、謝罪してくれたならば、私の中ではある種の混乱もある中で、時間をかけて前に歩き出すための一歩として受け止めたのかもしれません。

でも、私は加害者が捕まらずに時効を迎えた身です。

加害者が捕まるか、捕まらないかということに焦点をおいて生きていたらおそらく加害者の存在にどこか縛られてきっと自分自身をこんなにも取り戻せなかったと思います。

現在の私の日々の生活およびこれから先の人生には、加害者の存在を認識する場面は講演で語る時以外は全くないのが現実です。

自分でも不思議なのですが、自分の人生を壊した加害者の人に対する主観的な感情が、今の自分の中には見当たらないのです。

そして、私が加害者の人たちに問いかけることがあるとするならば、要するに加害者の人自身が求める赦しとは、誰にとって、誰のために必要な「赦し」なのでしょう。被害者の人のため？　自分が楽になるため？

もしも、加害者への憎しみで自分の人生が縛られて前に進めない被害者の人ならば、「赦すこと」は、それを通して憎しみが解き放たれ、被害者自身が加害者の存在から解放するために必要なものかもしれません。

加害者の人が、自分自身の罪を犯した重さを感じ、そこから人生をやり直すために、被害者の「赦し」を求めるのであれば、それは、加害者側の都合で赦しを必要としているだけであり、被害者の人自身に問いかけること自体が意味のないことなのかもしれません。


――2019年9月　にのみやさんからの手紙

3人の被害当事者からの伝言を紹介しましたが、被害者とはこんなにも真剣に赦すこと、赦さないことを考えているのかと思わされます。ここで紹介したのは、社会に数多《あまた》いる被害者のうちほんの数人の想いで、加害者が何をしても絶対に赦すことはないという被害者も当然います。

その一方で、加害者を赦すべきではないか、と考える被害者もいます。「相手がこんなに謝っているんだから、赦したほうがいいのか」「事件から長い時間が経ってるのに赦せない自分は心が狭いんだろうか」と強迫観念に駆られることがあるようです。先ほど挙げたDくんとEくんの話のように、周りから「もう赦してあげたら？」と言われることもあります。また、「加害者を赦すことができたら自分が楽になれるかもしれない」という話も、女性被害者から聞いたことがあります。赦せないから苦しいのではないか、忘れられないのではないか……という切実さを感じます。

赦す、赦さないを決めることができるのは、被害を受けたその人だけです。周囲から何を言われても、どんな情報が耳に入っても、自分の気持ちに正直に決めていいのです。その一方で、私は社会に「被害者が受け入れ、赦すことができて初めて、事件が収束に向かっていく」というイメージがあり、それを多くの人が共有しているのだと考えます。そのイメージが暗に「赦さないといけないのではないか」という考えに被害者を追い込んでもいるのでしょう。

そこで私は7年前、対話プログラムを始める際ににのみやさんと話し合い、社会にあるそのイメージをすべて排除したうえで対話をしていこうと合意しました。謝罪、贖罪について考える。赦しについて考える。加害者にとっては大きな葛藤があります。しかし、被害者はそんなものをはるかに凌駕《りょうが》するくらいの葛藤を抱えている。このことを知らずして、「赦されたい」と期待しながら謝罪することにどんな意味があるのかを、彼らは考え抜く必要があります。

加害者には回復を目指す責任がある

反復される強迫的性行動には性的嗜癖行動としての側面があるとこれまで繰り返してきました。「依存症＝病気」とみなす——つまり病理化ですが、こうして性加害を疾病モデルで捉えることには常に反対の声が聞こえてきます。一般的に、病気のせいにする＝なかったことにする、とイメージされるからでしょう。確かに加害してきた人のなかには、そう考える人もいると感じます。これも、認知の歪みのひとつです。「病気だから、やめられないんだ」というのは、加害をする言い訳でしかありません。

加害者臨床の場では、捉え方が異なります。疾病モデルで捉えなおす意義は、逃げるためでも免責されるためでもありません。過剰な病理化は本人の行為責任を隠ぺいする機能を有する、という原理原則があります。では、どう捉えているのか。嗜癖行動というからには、それを手放し、そこから立ち直る、回復することができるということです。

といっても依存症は、完治する病ではないとわかっています。アルコールや万引きなど対象がなんであれ、生涯もう絶対に飲まない、盗まないという保証はどこにもありません。けれど回復はできます。これまで耽溺してきて、それがなければ生きていけないとまで思っていたものに、依存しなくても生きていけるようになるということです。

依存症から回復できないとどうなるでしょう？　答えは、死です。アルコールや薬物など心身に作用する物質の場合は、肉体的な死が待っていることが多いです。ギャンブルや買い物といったその他の依存症でも社会的な死、経済的な死、人間関係の死があります。依存症とは、〝死と隣り合わせの孤独な病〟です。それゆえ、対象への耽溺をやめることさえできれば回復したことになる、という単純なものではありません。死と隣り合わせの孤独から抜け出し、周囲とのつながりを再構築し、健全な社会生活を営むことが「回復」といわれる状態です。これは疾病モデルだけでは捉えきれない「生き方」の回復といってもいいでしょう。

他者への反復的な性加害という強迫的性行動に耽溺していた人たちにとっても、回復という概念は重要です。彼らとて、生まれたときから加害者だったわけではありません。依存症にはその病の特性として、ある特定の状況や条件下では衝動の制御が困難であるという、衝動制御障害の側面も併せ持っています。特定の衝動のスイッチが入ると、抗おうとしても制御できず、その行為を途中で中断することは困難で、完遂してしまいます。逮捕されたときのことを振り返り「ホッとした」「やっとやめられると思った」と語る人は少なくありません。自分ではどうしようもなくなっていたのです。彼らが依存症という病に陥っていることに自ら気づき、専門機関につながっていれば、早期に加害行為をやめられた可能性は十分にありますが、日本の現状ではとても難しいです。

人が依存症になるには、さまざまな理由があります。身体の病気であれ精神の病気であれ、「○○をしたから、この病気になった」という単純な因果関係が成り立つものは少ないのです。依存症も同様ですが、生きるのが辛くなるほどのことが目の前にあり、その苦痛を紛らわせるために対象となる物質や行為に耽溺していくケースが多いです。自己治療仮説については先述しましたが、直接的な被害者を出す嗜癖行動ですので、「そんなに辛いのなら仕方なかった」と片づけるわけにはいきません。

しかしその一方で、どんなに辛いことがあっても、幼少期から話を聞いてくれる友人や家族がいれば、適切なストレス・コーピングを知っていれば、そして社会に女性蔑視や男尊女卑の価値観がなければ、はたまた幼少期からの包括的性教育の実践が進んでいれば、彼らはもしかすると加害者にならなかったかもしれない——加害者臨床の現場で私は、この視点も忘れないようにしています。すべてを「依存症になった個人の問題」に矮小化して、その背景にメスを入れることがなければ、これからも加害行為を繰り返す男性が再生産されるだけだからです。

加害者となった彼らには、性暴力が必要な生き方から脱却する責任があります。加害行為の責任に向き合い、それを乗り越えていく責任です。

言い換えるならそれは、加害行為を繰り返してきた自身のパーソナリティ——他者のことに想像力を及ぼすことができず、低い自尊感情と高いプライドから自己を大きく見せようとし、援助希求が苦手で「人に受け入れてもらいたい」という強烈な承認欲求を持っている、というパーソナリティから、勇気をもって変容する責任です。

加害行為は〝なかったこと〟にはなりません。忘れていいものでもありません。加害行為をした自分と別人になれるわけではないのです。それでも過去と異なる生き方はできるし、そうしなければならないということです。「今日を境に、これまでのあなたと違う生き方をしてください」と言われれば、誰だって戸惑うでしょう。そんな簡単に変えられるものではないと反発を覚える人もいると思います。それは彼らも同じで、加害行為をしてきた年月が長ければ長いほど、その特性は彼らのなかにどっしりと腰をおろしていて、簡単には変わりません。

対話プログラムに参加する人たちは、基本的に自らが行動変容を望んでいるはずですが、それでも難しいと日々痛感しています。彼らにとって行動変容のゴールはあまりに遠くにあって、見えないと感じられるものでしょう。その点、「自分が加害をしてきたのは、性依存症という病気なんだから仕方ない」という誤った価値観は、すぐ近くにあります。そのことについて、対話プログムで考えてみました。参加者の記述を一部ピックアップします。

この言葉は絶対に使ってはいけないと当初から心に誓っています。もちろんある部分では、ちゃんと受け入れるということも重要ですが、これは逃げの思考だと思うので使いません。そのかわり、「自分は性依存なのだから、今までと同じではいけない。変わらないと」という思考で日々過ごしています。自分が変わらないと性依存からも変われないと思います。

自分が罪を犯して被害者を出した事は、自分の選択によって行ったことだという事実を確認することで向き合っている。一年前は完全に「加害者だからどうしようもない」「病気だから仕方ない」という思考を持っていた。ミーティングで、この考え方を指摘してくれるメンバーさんがいて、この考え方は逃げにつながっているということに気づかさ

れた。今でも、責任を取ることと十字架を背負うことの区別がついていないことがある。

「病気だから仕方ない」はあっても、「加害者だから仕方ない」は許されない。病気だから「仕方ない」というより、「気を抜いてはいけない」と考えている。被害者を二度と出さないために、自己の内面の病理に向き合い続けるのは加害者としての義務である。

この思考とはよく向き合っています。自分の中では「病気だから再犯しても仕方ない」とは絶対考えないようにしています。そして「病気と上手く付き合って、コントロールを頑張って、再犯しないようにずっとしていく責任」が自分にあり、今日一日、その責任を果たせた（再犯しなかった）ら、今日はＯＫ。また明日一日責任を果たそう。という感じで生きています。

問題行動を起こした当初は、「自分が病気だから仕方がない」と思うことがありました。確かに病気ではあるけれど、自分の性に対する認知の歪みがその病気を増幅させていると今は自覚しています。だから自分の認知の歪みを正しくしていく事は、この治療の大きなピースの１つだと思っています。

——2022年9月　にのみやさんへの手紙

回答のなかには「仕方ないとは思わない」や「そう思うこと自体が間違いである」というものもありましたが、「仕方ない」という考えが浮かんでくること自体がよくないというわけではありません。なぜ自分がそのように考えてしまうのか、その考えが浮かんできたとき自分はどうすればいいのかを考えるための、問いかけです。その際には「仕方ない」と思う加害者を、被害者はどう見るのか、という視点を忘れてはいけません。

手紙という対話でしかできないこと

回復の道のりは長いうえに平坦ではなく、そこを歩んでいけば必ずうまくいくという保証もないものです。取り組んでいる最中《さなか》に気持ちが揺れたり、ときに嫌気がさして立ち止まったりといったことは、ほぼ全員に起こります。一人で取り組めば、停滞すると同時に治療中断し、すぐに再犯のリスクが上がることは間違いないでしょう。クリニックに通院する人で、治療からドロップアウトした後、警察から「捜査関係事項照会書」が届き、再犯したとわかったケースは数多くあります。

しかしプログラムには、同じ問題を持った仲間がいます。そして、にのみやさんもいます。「助けてほしい」「話を聞いてほしい」と言える関係が、そこにはあります。依存症からの回復において、援助希求能力をどう高めていくかは一つの鍵です。人に助けを求めるには、その前段階として人に自分の状態を伝えて相談するというステップがあります。そのためには、できないことを打ち明けたり、弱い部分を晒したりしなければなりません。「そんなの簡単じゃないか」と思われるかもしれませんが、プログラムに参加する彼らにとっては、初めての挑戦であることも多いです。私は次に紹介する、参加者とにのみやさんの「回復」についてのやりとりを見て、手紙というスタイルはその弱い部分を見せるのに適しているのではないかと、改めて感じました。

自分自身、今クリニックで回復へ向けて日々取り組んでいますが、痛感したのは、やはりすぐにはよくならないし完治はしないと思いました。だからこそ焦る気持ちもありますが、時間をかけてゆっくりと自分自身と向き合い今まで気づけなかったことに気づいて、生活や思考を改善しながら、今できることを一つ一つやっていくことが、一番の近道だと思いました。長い道程だし大変だなとも思いましたが、20年以上経っても苦しんでいるにのみやさんの話を聴いたらとても甘い考えだったと恥ずかしくなりました。気

づかせていただきありがとうございます。被害者はずっと苦しんでいるんだ。回復へ向けて苦しんでいる自分なんて苦しみのうちに入らないんじゃないか、もっと甘えを失くしていかないといつまでも自分は変わっていけないと学びました。

――２０２１年３月　にのみやさんへの手紙

にのみやさんは、次のように返信しました。

そうですね、確かにすぐにはよくならないし完治はしないかもしれない。私自身、病院に繋がってすぐ、当時の主治医に言われたことがあります、「ＰＴＳＤは完治はしないと思って。一生涯つきあっていくものと覚悟して」と。当時はそれはそれはショックで、落ち込みました。腹も立ちました。悲しかった。どうして私がこんな目に？と思ったこともありました。

でも。時薬《ときぐすり》って、本当にあるんだな、って思います。必死にここまで生きてきて、時を重ねて生きてきて、その中で、私自身だいぶ、免疫がついた気がします。パニックやフラッシュバック、解離等、起こっても、最初の頃は「どうして」「なぜ私が」など、ひたすら自分を責め苛んでいましたが、今は「あーまたやっちゃったなあ、これからどうしようかなー」という考えも浮かぶようになりました。これはすべて、時薬のおかげなんだと思っています。

きっと、あなたにも、時薬は訪れるはず、です。近道のない、長い長い道程かもしれません、でも、私はその道をあなたがまっすぐ歩んでくれることを、望み、祈っています。

――2021年4月　にのみやさんからの手紙

依存症からの回復は「自分は回復している」「ずいぶんよくなった」という実感がなかなか得られないものです。一足飛びに進むこともなく、「今日一日」を基本にしながら、本当に地味なことの積み重ねです。うまくいかない日々に焦れる気持ちが正直に綴られた手紙だから、にのみやさんも一種の共感を示したのでしょう。参加者全員が、性加害をしていたときは弱い部分を吐露したり相談したりといったことを避けていたはずです。それができない生き方から、少しずつできるようになる生き方に変容するためには、反復練習が必要です。面と向かっては言いにくいけど、手紙では書きやすいという参加者は多いです。

このやり取りで重要なのは、参加者が自身の回復について考えることが、被害当事者の回復に思いを馳せるきっかけになっている点です。性被害による影響は、生涯に及ぶことがあります。にのみやさんは20代で被害に遭い、50代の今もＰＴＳＤとともに生きています。にのみやさんのライフヒストリー自体は、彼らもすでに知っています。対話プログラムでにのみやさんは何度も何度も、過去の困難と現状を話してきました。それをただ聞くだけでなく、このように自分自身のことに接続して考えられるようになると、ひとつの前進を感じます。にのみやさんが主治医から言われた通り、ＰＴＳＤもまた完治しない病です。にのみやさんは〝時薬〟と表現しましたが、そう言えるまでにも長い年月がかかりました。数々の病院で診てもらい、現在も定期的に通院し、カウンセリングも受けています。手紙の彼は、そこにどんな苦しみがあるのかを想像するスタートラインに立ったのだと思います。

それにしても、被害を受けて困難を抱えた人がどんな治療を受けているかは、あまり知られていません。加害をしてきた彼らだけでなく、社会でもほとんど知られていないと感じます。あるときの対話プログラムでは、にのみやさんが「曝露《ばくろ》療法」について話してくれました。性被害ほかさまざまな被害体験、被災経験からトラウマを抱え、ＰＴＳＤと診断された人を対象とする治療法です。「不安の原因になる刺激に段階的に触れることで、不安を消していく方法」と説明されることが多いですが、具体的には専門家の立ち会いのもと、被害の記憶を思い出します。こうすることで、それは過去の出来事であり現在の自分は安全なところにいる、と確認するというものです。被害のことを詳細に思い出す必要があり、それがいかに過酷な出来事であるかは対話プログラムの参加者にも想像ができたようです。この治療は一度ではなく複数回行われますが、治療を受ける本人の負担が大きく、誰でも受けられるわけではありません。また、にのみやさんは被害時に解離していて記憶が曖昧で、詳細を思い出すのが不可能なため、この治療はうまく進みませんでした。

被害者のこうした治療があまり知られていない理由の一つに、日本では実施している医療機関が多くないことも挙げられます。性被害当事者も知らないことが多く、知っていたとしてもどこにアクセスしていいかわからないといった状況です。一方で、性加害をした人たちが専門のプログラムを望んだとして、そのための医療機関も限られているという現実もあります。

回復のパターンは一つではない

「回復」とは、一般的には元のとおりになるというイメージがあると思います。「被害を受ける前の生活を返してほしい」「元の私に戻りたい」という被害当事者の願いは切実です。被害者にとっての回復とは何か。ひいては、加害者にとっての回復とは?

にのみやさんは被害から27年経っても、いまだ答えが見つからないことを率直に手紙として綴りました。

加害者にとっての回復。被害者にとっての回復。

被害者である私にとって「回復」ってどんなものなんだろう、って改めて考えてみました。昔はいろいろあったんです。たとえば、被害前のように元気になりたい、とか、被害前のように外国をひとりで旅行したいとか、被害前のように仕事をバリバリしたい、とか。でも、被害前のように、というところに戻ることは不可能と悟って以来、ほとんどそういうことを望まなくなりました。望んでもしんどくなるばかりなので、諦めることにしました。そういう私にとって「回復」って、何なんだろう？

改めて考えると、まったくもってイメージがつかない自分がいました。今を生きるので精いっぱいで、明日のことなんて夢想する隙間もないというのが正直なところなのかもしれません。解離性健忘がひどい私は特に、今ここ、を生きるのでまさに言葉通り精いっぱいで、その瞬間より他はもう、奇跡というか……。そう、奇跡なんです。私にとって明日が今日になって今日が昨日になる、そのことだって私にとっては「奇跡」で、だから奇跡の連続なんです、毎日が。

そんな私が、二十七年を被害から生き延びてきて、振り返れば、ずいぶんと遠いところまで歩いてきた気がします。同時に、それはあっという間でもあり。二十七年の間に、私はずいぶんと変化したと思います。リストカットやオーバードーズばかりを繰り返してしか夜を越えることができなかった時期がありました。些細なことにも過剰反応し、ありとあらゆることを忘れられず躓《つまず》いてばかりいた時期がありました。近寄って来る人間すべてを疑い、怒れるハリネズミのように全身総毛立たせていた時期もありました。気づいたら解離性健忘が私を取って喰らうようになっていて、いろんなことが失われるようにもなりました。そして気づいたら、PTSDと私、ではなく、PTSDの私、として生きてしまっている自分に気づかされ途方に暮れた時期もあります（これに関しては今も葛藤中ですが）。

そんなふうに、時期、時期で、私は少しずつ変化してきたんだと思います。それを「回復」と呼ぶのでしょうか。私には正直、「?」です。

いわゆる「被害者」の「回復」のテンプレート。世間が持っている「テンプレート」。そもそも「被害者」「加害者」に対してのイメージのテンプレートも存在していますよね。被害者はこうあるべき、加害者はこうあるべき、みたいな。そういうテンプレートが「回復」についてもあるんだろうな、と。たとえば「被害者は被害の記憶を乗り越えて病院通いも終え穏やかに生活」している、とか。

そういうテンプレートが「加害者」にもあるんだと思うんです。こうなったら世間で云うところの「回復」、みたいな。でも。本当にそれが、「あなたの回復」なんでしょうか。

――2022年2月　にのみやさんからの手紙

被害者の回復の道は、被害前の自分へと向かうものではない。それには気づけても、ではどこに向かっているのかもわからない――その戸惑いが行間から伝わってきます。にのみやさんの27年間は、一進一退どころか一気に後退してしまう時期や、一歩も動けない日々の連続でした。回復したかと思えば、唐突に解離やフラッシュバックが起きて引き戻されることもあります。

昨今、芸能界などでの性暴力についての報道が相次いでいます。〝なかったこと〟にされていたことを可視化するための報道は歓迎されるべきものですが、それを見てフラッシュバックが起き、ＰＴＳＤが悪化する被害経験者も少なくないと聞きます。

これまで回復のイメージは、一人ひとりが持つしかなかったものでした。性被害の実態が当事者の口から語られるようになったのはごく最近のことで、ロールモデルとなるような人もいませんでした。加えて、にのみやさんが指摘されたとおり、テンプレートが社会のなかにあり、自分なりのイメージを持つ妨げとなります。「記憶を乗り越え」「病院通いも終え」それでも「穏やかに生活」できない自分を責めることにもなるでしょう。この紋切り型な被害者像は、性被害当事者である、という以前に、自分が一人の人間であることを忘れさせてしまうものです。回復が1パターンであるわけがありません。

ここまで書いたのと同じことが、加害者にも当てはまります。加害行為をやめること、つまり再犯防止が何よりも優先されるべきであることは共通していますが、おのおのが取り組むべき課題はやはり違っています。加害に至る過程も、加害時の状況も、加害した相手やその人数も、逮捕時の状況やその後もすべて違います。回復の道がどこに向かっているかも、その道のりの長さも、やはりそれぞれ異なるのです。

しかし、彼らが性加害を選び、繰り返してきた理由には、社会のなかで学習してきたことが多くあります。男性らしさの刷り込みがあり、歪んだ認知を内面化し、ハリボテのようにプライドをふくらませ、歪んだ承認欲求を被害者にぶつけてきました。これらを一気に捨て去ることはできません。回復の道の途上には、彼らがこれまで抱えてきた問題が点在しているので、そこを歩けばしょっちゅう衝突したり躓いたりします。道に何が潜んでいるか、それをどうすれば認識して避けられるのか……といったことを、仲間とともに学び、声をかけ合って気づくようにするのも、このプログラムの目的の一つです。加えて、にのみやさんとの対話があります。彼らがこれまで目を逸らしてきたことに、まったく別の角度から光を当ててくれます。

相反する立場のにのみやさんと参加者が、「回復」について互いにその難しさを吐露し、語り合う。ときに共通点を見つけ、まったく相容れないことも見つける。それによって、かえって自分のことがよくわかる——対話なくしては気がつけなかったこと、見えてこなかったことはたくさんあります。

ここで、ある参加者がにのみやさんに向けて書いた手紙を紹介します。

ここ一年くらい「被害者に許されたい」と思っていない。被害者を含む他者が自分のことをどう思うかにかかわらず、私は「幸せになる」と決めた。その中で自分の犯した罪とは一体何か、罪について謝る（謝罪）とは一体どういうことか、更に生きていく（更生）とはどういうことなのか、について考えることが非常に重要なピースになっている。いまの私も、被害者の方から怒りを向けられると、つい緊張して、防衛的になり、相手の怒りをどう鎮めるかとばかり考えてしまう。でも、以前と違うのは、それを自覚し、自身の在り方を変えようと努力することができるようになってきたことだ。被害者の方がなぜ怒っているのか、全身全霊で感じ取り、本当に相手を理解しようとする。自分の

主観から離れて、相手が何を見て、何を感じて、何を考えているのか、必死になって感じようとする。

――2021年11月　にのみやさんへの手紙

これを書いた参加者も、当初は被害者への謝罪の言葉を口にしたり書き綴ったりしていたはずです。そこにある「被害者に許されたい」という自分の願望に気づけたのは、仲間とともににのみやさんと対話を続けたからでしょう。被害の実態や被害者のその後を知り、相手に対して想像力を働かせることができるようになって初めて、「許されたい」が自分のためでしかないことを、理解できるようになったのだと思います。対話を通して性被害の実態、被害者のその後を知ることで、一歩前に進めたのです。

そこから、自分は「幸せになる」のだと決意できたというのは、とても印象的です。加害者が幸せを追求する、幸せな人生を歩む……「グッドライフモデル」の概念に基づいた考え方です。具体的には、彼らにとっての性加害は、幸せになるための手段なのだということから始まり、そうであるならほかに幸せになるための手段を見つけることで加害行為を手放すことができる、と考えられています。人を傷つけることで幸せになるとは許されざることですが、彼らがその手段を必要としているうちは、やめ続けることは難しい。プログラムのなかでリスクを洗い出してトリガーを避け、自己管理することももちろん大事ですが、それだけでは行動変容を続けるのは難しいとされています。人は基本的に幸せを求める生き物なので、そのための適切な手段――人との交流やなんらかの趣味、何かあったときの気持ちの落ち着け方などを模索し、それらを獲得するようエンパワメントし、不適切な手段を手放していく。これを実践するためのノウハウがプログラムにはあるのです。

にのみやさんも、このように返信しています。

〝幸せになると決めた〟。大事なことだと思います。私はみなさんに、ちゃんと、自分が幸せになる努力をしてほしい。幸せって実は、そこかしこに転がってるものです。小さな幸せ、小さな愛が、あちこちに溢《あふ》れ落ちているものです。ただ私たちは、それに気づけないことがとても多い。だから、普段の小さな幸せ、たとえば、今日友達と握手をした、友達に電話したら元気そうだった、そういったことでも本当は嬉しくないですか？　どうでもいい、当たり前に思える事柄でしょう？　でも、決して当たり前なんかじゃぁないんです。友達は今この直後、事故死してしまうかもしれない。友達は電話の向こうで泣いていたかもしれない、いくらでもそういうこと、ふつうにあり得ることです。それが、今この瞬間、自分とつながってくれた、奇跡の連なりが、私たちを形作ってる。大げさに聞こえるかもしれませんが、記憶が飛び飛びになる私はいつも、そう意識して過ごしています。だから、たとえば相方と大喧嘩しても、しばらくすると、「喧嘩できる相手がいるっていいなあ！」と本気で思います。

――２０２２年１月　にのみやさんからの手紙

ここでいう「幸せ」とは、自分のしたことを〝なかったこと〟にし、被害者のことを忘れてその後の人生をただ楽しく送るという意味ではありません。贖罪や更生を放棄することでもありません。実際にはその逆で、加害行為で幸せになろうとする自分のままでは、本質的な生き直しは難しいです。彼らは加害行為によって、人から幸せな日常を奪い、幸せになる可能性を奪いました。けれど彼ら自身が幸せの何たるかを知らなければ、そのことと向き合うにも限界があると言えます。

それどころか、罪と向き合うことの意味をはき違えてしまう可能性がある、ということをある参加者が手紙に書いています。

自分の罪と向き合うことの意味をはき違え、現実逃避しようとしている状況なのだと思います。罪と向き合うことが、自分を卑下することだと間違え、勝手に自己肯定感を下げ、挙句の果てになぜか自分が責められていると「被害者ヅラ」になる。そういう自分に気づいてからは、絶対に目を逸らさない、忘れないと誓い、考え、プログラムにも参加しています。

――2022年2月　にのみやさんへの手紙

にのみやさんは、次のように返信しました。

あなたの言葉を読ませていただいて、私もはっとしました。自分を卑下《ひげ》することだと間違えてのくだりです。罪と向き合うことは自分を卑下することなんかじゃないですよね。罪と向き合うことは自分の誇りを取り戻すことでもあるんじゃないかと私は思うのです。大事な作業なんじゃないか、と。あなたがこんなふうに言語化できるようになるのに、どれほどの辛苦を舐めたのだろうと想像し、励まされる思いがしました。ありがとう。

――2022年3月　にのみやさんからの手紙

ここで出てきた「卑下する」と近い意味合いのものとして、再犯防止に取り組む人のなかから、「自分は幸せになってはいけないのだ」「一生、十字架を背負って生きる」といった言葉はよく聞きます。それは一見、深く反省している態度のようです。社会も彼らにそのような態度を求めてしまうところはありますし、そうすると「被害者ヅラ」をして向き合っている体《てい》でい続けるほうが楽だと感じる人もいるでしょう。

しかしそうやって自分で卑下していると、自己肯定感が下がり、自分こそが被害者だという考えに囚われ、「被害者ヅラ」をするようになる……これは自分の罪と向き合う態度とはいえません。また、3章で解説したように、加害をしてきた人の多くが〝低い自尊感情と、高いプライド〟という問題を抱えていますから、卑下し続けることでそのパーソナリティが温存されてしまいます。それは、再犯はしていなくても、加害していたときから何も変わっていない、加害をしていなくても加害者のままでいる、ということを意味します。

被害者でい続けることの辛さ

加害をしていたときから行動変容する、生き方が変わって幸せを追求する——それは、加害者を〝卒業〟することを意味しているのでしょうか。あるとき、にのみやさんはこんなことを手紙に綴りました。

私たち被害者にあるんですが、「被害者だ」から「被害者だった」になるのには、越えるのが難しいハードルが幾つもあったりします。被害者だ＝サバイバー、から、被害者だった＝スライバー、になるのにはだから、私たちはとても長い時間がかかります。

もうちょっと言うと、
被害者だ、の時、私たちは、被害が私のすべて、と思っているようなところがあります。被害によって穢れてしまった自分、木っ端微塵になってしまった自分、それが自分のすべてだ、と思い込んでしまう。そういう思いにずっぽり囚われてしまって、そこから身動きできなくなってしまうような感じです。

そういう状態から、少しずつ少しずつ這いずって這いずって、一歩進んでは二歩下がり、を繰り返しながらそれでも生き延びて、私たちは気づくと、スライバーになっています。

被害者だった、というのは、「被害は自分のすべてではない。あくまで私の一部なんだ」と思えるようになることだと私は思っています。


――2022年9月　にのみやさんからの手紙

自ら望んで「被害者」になった人はいません。サバイバーとは「生き延びた人」です。その人にとって死に匹敵するほどのダメージを被った性暴力を、なんとか生き延びることができた。それでも性被害当事者のその後の自殺率が高いことは、各国の調査であきらかになっています。「私は被害者である」という状態で生きていくことがいかに過酷か。PTSDに苛まれ、希死念慮を常に抱え、にのみやさんのように解離が頻繁に起きて物理的にも危ない状態が長く続く人もいます。

そんな状態で「私は被害者である」以外何も考えられなくなるのは、むしろ当然のことでしょう。それがどのくらいの期間続くかは、当事者にもその周りの人にもわかりません。おそらくは支援者や医療者にもわからないでしょう。被害の状況もですが、その後どのくらいで治療・支援につながったか、どんな治療・支援を受けたか、人間関係や経済状況などさまざまな要素が影響するため、いついつまでに回復するとは誰にも言えません。

そこから「被害者だった」になるには、何が必要でしょうか。先に紹介した手紙で、にのみやさんは〝時薬〟と書かれました。辛い体験すべてに通じますが、時とともに少しずつ癒えていくものだと思います。日々の生活をし、そのうち自分でも気づかないうちに回復していく。もちろん言葉で言うのは簡単で、そうした日々の営みこそが難しくはあるのですが、被害を受けて30年近くが経つにのみやさんの言葉には説得力があり、ほかの被害当事者にもある種の道しるべになっているのではないかと思います（もちろん、にのみやさんが被害者の代表ではありません）。

そしてサバイバーがスライバーになるには、社会の認識も変わらなければなりません。サバイバーが生還した人を指す言葉であるのに対し、スライバーとは「成長する人」であり、もう「サバイバーであることを強く主張する必要のなくなった人」を指します。

これもまた先に紹介した手紙ですが、にのみやさんは性被害者に対してイメージのテンプレートがあると指摘しました。被害者はこうあるべきという像を多くの人が共有しているがために生じる弊害はいくつもありますが、最たるものは、その人を「被害者」としか見ず、イメージから外れていると「被害者がこんなことを言うわけがないから、嘘をついているのではないか」「たいした被害でもなかったのに、大げさだ」と、性被害の事実までもを否定することでしょう。多くの性被害当事者が今日も、しんどさを抱えながらも生活し、仕事をし、子育てや介護をしますし、趣味を楽しみもすれば笑いもします。性被害がその人の「すべて」でなくなるほど、その時間は長くなるでしょう。だから「あの人は笑っているから、性被害に遭ったというのは嘘だろう」と決めつけるのは、極めて理不尽です。同時に、人には見えないところで被害の影響が続いていることも、想像すべきです。〝イメージとしての被害者〟であることを、当事者に一方的に求めない社会であってほしいと思います。

加害者でい続けることの安全さ

一方の加害者は、他者を傷つける加害行為が「自分のすべて」であった時期があります。その行為に日々耽溺し、「生きがい」と呼ぶ人もいるくらいです。家にいても仕事をしていても、問題行動が頭から離れることがなく、日常の中心にあり、ストレスがたまったりイヤなことがあったりして人生が行き詰まっても、他者に加害して自身の優位性や達成感を得ることができれば立ち直れていました。何がなんでもその行為を手放さないために、たくさんの嘘をつき、あらゆる手段を講じてきました。

そんな彼らに、「加害者からの卒業」にどんなイメージを持っているかを書いてもらったことがあります。回答は大きく二つに分けられました。

ひとつが「一生再犯をしない」ことをもって卒業とするといった内容です。もうひとつが「加害者に卒業はない」という内容で、後者の一部を紹介すると、「卒業することはないと思います。自分自身が一生加害者として自分のことを意識し続けると思っています」「私は加害者の場合は卒業してしまうのはあんまりよくないことではないかと思います。『あれは過去の自分であって、今の自分じゃない』『もう自分は大丈夫だ』というような気持ちが起こると、スリップにつながってしまいそうで怖いです」「加害者から卒業はないと思いますし、そのつもりもありません。もちろん加害者というのは私の一部とも思いますが、それは私自身が選択して被害者をうみ出したことに変わりはありません。そのことを一生忘れてはいけないと、このにのみやさんのプログラムで強く思うようになりました。加害者というラベリングをあえて受け入れて、その上でどう生きていくのかが今の課題です」といったものがありました。

再犯しない、というのは言ってしまえば当たり前のことで、それをもって卒業とは言えません。何年もやめ続けていた人がふとした瞬間に再犯してしまうケースがたくさんあることを考えると、何をもって、どこの時点で「卒業」と言うべきかも疑問です。

加害者は生涯、加害者である――一見、正解のように見えるかもしれません。性犯罪が報道されるとネットを中心に「一生、刑務所から出てくるな」という言葉が飛び交い、被害者もそう望むことがあります。加害者は一生加害者であるという考えは社会で多くの人が共有していると感じます。しかし、対話プログラムでは模範解答のように見える記述ほど要注意です。それは自分を守りたいときの防衛機制であり、いわゆる思考停止状態にあることは第1章で解説しました。

にのみやさんも同じことを考えたようです。「卒業」についての参加者の意見に、次のような手紙を寄せました。


みなさんの、自分が加害者であることに対する囚われは、もはや呪縛なんじゃないかと私には感じられます。その呪縛に囚われていれば自分は安全、みたいな。だからそこから動こうとしない。ずるいなと私は思います。

みなさんの苦しみ、しんどさ、は、これまでのお手紙でしっかり読ませていただいています。だからこそ、思うのです。ずるいな、と。

自分が加害者であることに逃げ込んでしまえばもう誰も何も自分に言ってこない、と言わんばかりの様相です。

それは違うんじゃないかなと思います。

かつて加害者になったことは、逃れることはできません。背負わねばならぬ責務です。当然です、自分が為した事柄なのですから、責任を負うのは当然のこと。

そして、かつて加害者になったことがあろうとなかろうと、これからの未来に犯罪行為を行なっていいか否かといえば、否に決まっています。怖かろうと恐ろしかろうと何だろうと、これ以上被害者を生む権利など、みなさんには、ない。

「自分は加害者だから仕方ないんだ」

という言い訳を、これ以上私に見せびらかさないでほしいのです。

加害者だから、仕方ない。

なんて言い訳、私以外の被害者が聞いた時、受け容れることができると思いますか？

思いませんよね？

病気だから仕方がない、加害者だから仕方がない、こんなに自分はしんどいからもうどうしようもないから仕方がない、と世界に対して閉じていたら、いつまでたっても世界と繋がれないのではないですか？


被害者も加害者も。

世界と繋がり直すことは、とても大事な過程だと私は思います。

一度木っ端微塵になってしまった「繋がり」をし直すこと。とてもとても、大事な過程です。違いますか？


加害者であること、を背負いながら、もう二度と加害者にならないという責任を果たしながら、自分の人生を生きること。この勇気を持たなければならないのではないですか？

この病気は生涯治らないから――そうですか。私のＰＴＳＤも生涯治らないと言われています。解離も生涯治らないと言われています。そもそも特効薬なんてＰＴＳＤにも解離にも存在していません。自分でその都度対処し越えてゆくしかないのです。違いますか？

――２０２２年９月　にのみやさんからの手紙

「加害者である」に留まっているほうが安全――これは、対話プログラムを始める前のにのみやさんには、思いもよらなかったことでしょう。被害者は基本的に、回復を願います。そうでなければ、人生がいつまでも困難なままです。加害者も回復を望んでいないわけではないと考えていたのではないでしょうか。

しかし対話プログラムで見えてきた彼らのなかには、「加害者である」という状態に逃げ込んでしまう人もいる。それは、「加害者だから仕方ない」と言える状態が、彼らにとって好都合な面があるからです。責任をとる過程には、恐怖も葛藤もあります。それは、しんどい、辛いことです。「加害者である」は、そこから逃げられる魔法の言葉なのかもしれません。しんどくて辛い現実と対峙しなくていいのですから。

この手紙は、参加者にとって非常に厳しい指摘だったと思います。被害者と加害者では、回復も卒業も意味がまったく異なります。しかし特効薬はなく、自分で乗り越えていくしかない点は共通しています。にのみやさんが対話プログラムを通して彼らと真逆の立場から彼らのことを見てきたがゆえの、厳しい指摘だと思います。

これを受けて、参加者がにのみやさんに返した手紙には、「加害者だった」について以下のような回答がありました。

「加害者だった」といえるような状態にはなってはならない、過去のことにしてはならない、被害者の方は今も自分の加害行為で苦しんでいるのだ、と自分をあえて囚われの身にしていたことに今日気が付きました。

「加害者だった」といえるようになるには、「加害者である」ことを自分の加害行為をおさえるための対策として使わなくても良い状態になることだと思います。

〃加害をする可能性は一生続く、だから自分は一生加害者だ〃と思っていたが、今回の手紙を読み、その先を目指さなければいけないのだと感じた。

再犯しないことは当然で、性犯罪を憎み、たとえば加害者側の立場から性犯罪を減らす活動（学校教育、性犯罪者への治療へのさそいなど）を行えるようになればいいと思う。

――2022年10月　にのみやさんへの手紙

自分のこととして正面からこの真摯な指摘を受け止めて、自分で考えて、咀嚼《そしゃく》して、自分が「加害者だった」の先に行くにはどうすればいいかを考える――彼らがその地平に至るまでには、まだいくつものステップが必要なのでしょう。

しかしこれは、焦って取り組む課題ではありません。なぜなら、次のにのみやさんの手紙にもある通り、性依存症からの回復を目指し、「加害者だった」となるのは、それそのものが〝生き方〟になるからです。

みなさんが書いてらっしゃるように、みなさんがリスクを負っていることに変わりはないし、加害者になった過去があることに変わりはありません。だからこそ、「今は違う」と開き直るのではなく、また、「どうせ自分は」と投げやりになるのでもなく、真摯に「今ここ」と向き合い、生きてほしいのです。どんなふうに周囲に思われようと、囁《ささや》かれようと、あなたは誠実に今ここを生きてほしいのです。それが、今ここを十二分に生きることができなくなってしまった被害者に対してできる、ひとつのことなんじゃないでしょうか。私は、そう思ったりします。

――２０２２年11月　にのみやさんからの手紙

にのみやさんは「今ここ」という言葉をよく使います。今、自分はどう生きているのかを確認してほしい、という問いかけが、そこにはあります。

参加者はこれまで、加害者として生きてきました。しかし今、対話プログラムに参加しているからには、この先は加害をすることなく生きていくという決意があるはずです。二度と被害者を出さない未来を選択したということです。そのために今、あなたはどう生きているのか。被害者に今の自分を見せられるのか。

対話プログラムを約7年続けてきて、対話とは、過去からつながる今という地点に被害者と加害者の双方が立ち、お互いが向き合って言葉を交わし、お互いを知り、それを自分の生き方へと反映させる。その場で劇的な変化や確かな手応えは感じられなくとも、その先につながる未来をよりよいものにするために、少しずつでもお互いのあいだにある摩擦を減らしていく――そんなプロセスだということが見えてきました。

対話プログラムは試みの連続です。依存症の回復同様、トライ&エラーを繰り返しながら発展していきます。にのみやさんは「おばあちゃんになるまで続ける」と言ってくれていますし、たいへん残念なことに、性加害をする人たちは今後も出てきます。終わりは決めなくていいし、そもそも終わりなどないようにも思います。

私は、被害者が対話を望むのであれば、日本の各地でこのような〝修復的〟対話が広まればいいと思っていますが、そのためには多すぎる課題があります。その課題を洗い出し、検証するという意味でも、この対話プログラムには、まだまだチャレンジすることがたくさんあります。

巻末対談

にのみやさをり×斉藤章佳

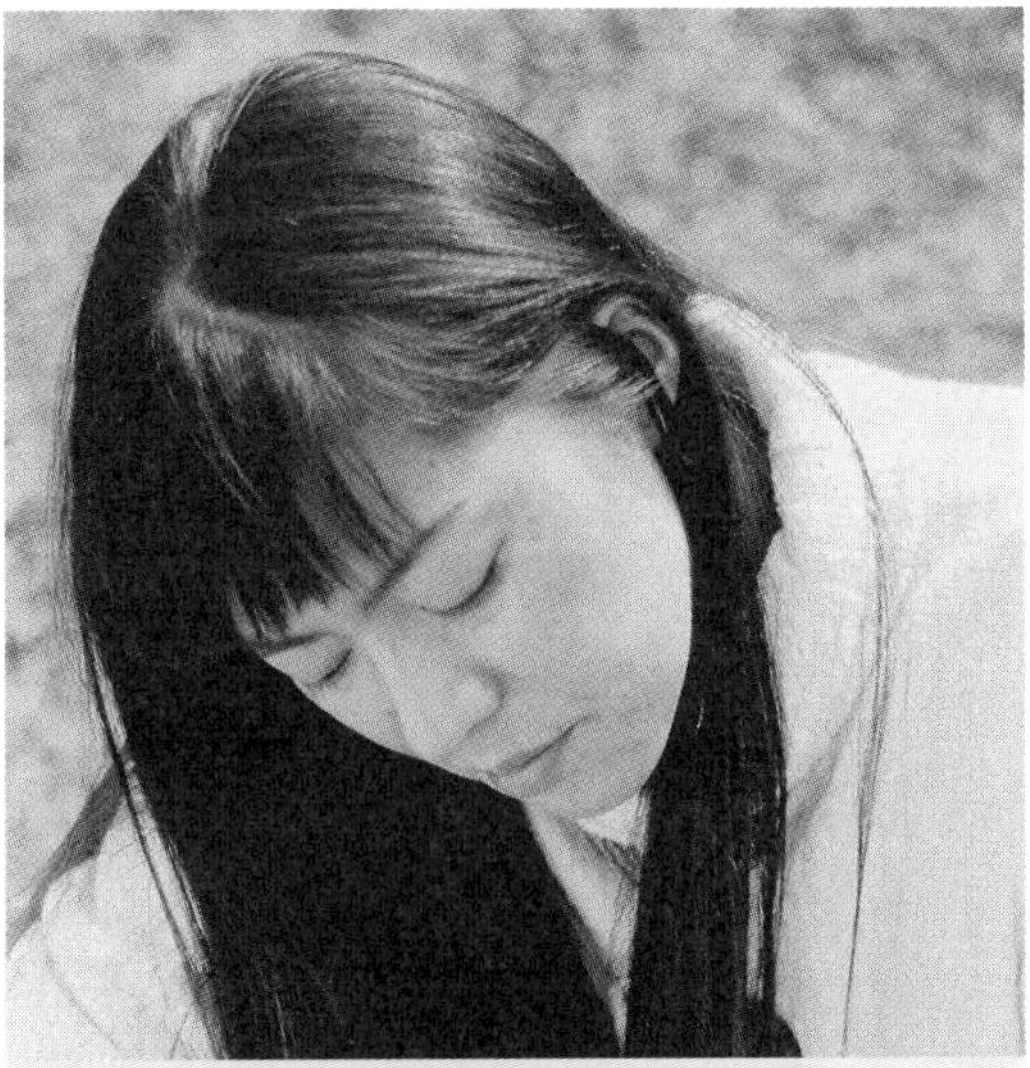

なぜ加害者に「ありがとう」を?

斉藤　にのみやさんと、加害経験のある男性たちが対話するプログラムも、8年目に入りました。こんなに続くとは思わなかった……。いえ、長く続けたいと最初から思ってはいたのですが、当初は未知数のところがあまりに多かった。

にのみや　振り返ってみたら、私が斉藤さんに初めてメッセージを送ったのが、2017年の6月15日でした。性暴力被害と、被害の〝その後〟を描いた映画『月光』(2016年製作)という作品に私もかかわっていたのですが、監督の小澤雅人さんから、性加害をした人たちが再犯しないように取り組むプログラムがあると聞いて、それで榎本クリニックと、斉藤さんのお名前を教えてもらったんです。

斉藤　私たちがクリニックで行っているのは、SAG(Sexual Addiction Group-meeting)といって、反復する強迫的性行動がやめられない人を対象にした加害者臨床です。加害者臨床とは、性暴力やDVの加害者が再加害防止に取り組み、行動変容を目指す治療教育プログラムのことをいいます。彼らが加害に向き合い、責任をとれるようにすることが加害者臨床の役割です。

にのみや　そんなプログラムがあるなんて知らなかったので、衝撃を受けたんですよ。私は自分が被害を受けて以来、多くの被害当事者の声を聞いてきました。それを通して、世の中には自分がしたことを加害だと自覚してもいない加害者がごまんといて、それどころか、「やってやった」と思っている人すらいるんだと感じていました。

そんななかで、加害者臨床というものがあり、そこにつながる加害者がいることを知って、ある種の救いを感じたんです。それで斉藤さんにメッセージを送って、「加害者と対話がしたい。どうしても必要だと思っている」と伝えました。

斉藤　最初から〝対話〟をイメージされていたということに、驚きました。実は、私も同じようなことを考えていた時期でした。でもそれは、被害者臨床の専門家と、加害者臨床の専門家での対話だったんです。まさか当事者同士の対話が実現するとは。にのみやさんと最初の打ち合わせをしたときもまだ、信じられない気持ちでした。もちろんそこにはリスクもあるので、これは慎重に進めなければいけないぞ、と。

にのみや　私は自分の被害から10年くらいして、加害者本人と対話をしたんです。今思えば、対話とは言えないような代物で……面談と言ったほうがいいかな。対応があまりにも暖簾《のれん》に腕押しだったし、謝罪も表面的でした。結局、何も伝わらないんだなと虚しくなるだけに終わりました。加害者がちゃんと自分のしたことに向き合わないままだと、私は出口が見つからない……これはあくまで、〝私〟の話で、被害者が皆こう思っているという意味でも、こう思わなければいけないという意味でもないです。

斉藤　にのみやさんは、直接の加害者である男性との面談で、虚しさしかなった。であるならば、ほかの加害者と直接対話をしても、さらに虚しくなるだけではないか、という心配はなかったですか？

にのみや　ありましたよ。でも、やってみないとわからないとも思っていました。

斉藤　私が最終的に対話プログラムをやってみようと決めたのも、にのみやさんの熱意に押されて、というところがあります。第1回目のことは覚えていますか？

にのみや　もちろんです。まず「ここに参加してくれて、ありがとう」と伝えました。

斉藤　そうです。私も明確に覚えています。第1回目の参加者は50人くらいでしたが、誰もが呆気に取られていたようですね。「自分たちは性加害をしていた人間なのに、なぜ被害に遭った人からお礼を言われているんだろう？」という顔でした。

にのみや　確かに彼らは、性加害者です。でも、プログラムに参加するだけでも大変だと思うんですよ。自分で探して、もしくは家族が探して、クリニックにつながった。つながっただけでなく、通い続けている。通院していると周囲に知られれば偏見の目で見られるかもしれないのに。実際、私にとっての直接の加害者は再犯していたにもかかわらず、こうしたクリニックやプログラムにはつながっていません。だから、通院を続けている人がいる、それから対話プログラムに参加してくれる人がこんなにいるというのを、心から嬉しいと感じての「ありがとう」でした。

のっぺらぼうから、表情のある人間へ

にのみや　プログラムが始まって間もないうちに、彼らが被害者のこと、被害者の〝その後〟のことを本当に知らないんだとわかりました。それから、彼らの「語れなさ」にも驚きましたね。自身の加害行為について語ること、向き合うことを一生懸命避けている。彼らとしては無意識の反応なのかもしれませんが、いや、それは違うでしょうと思いました。

斉藤　「被害について知らない」と「加害者が自分について語れない」は、つながっている問題ですよね。

にのみや　はい、被害者はひたすら自分を掘るんですよ。「自分が悪かった」と責めるし、「なぜ自分だったのか」とぐるぐる問うし。彼らは被害者がそんな疑問をずっと抱えていることを知らない、考えたこともない、だからその答えは彼らのなかにひとつもない。ならば、知ってもらわないといけない、と思いました。性被害とはどういうものなのか、〝その

後〟を生きるというのが、どういうことなのか。

斉藤　しかし、にのみやさんが被害のことを話すほど、彼らは〝のっぺらぼう〟になる。

にのみや　一斉に表情がなくなるのって、ホラー映画みたいでしたよね。話していても、彼らの扉がパタッと閉まっちゃうのがわかりました。これは何かあるな、と思いましたね。何かが、彼らにそうさせている。そこをちゃんと彼らに見つめてもらわないと、彼らは何度だって再犯するのでしょう。

斉藤　にのみやさんへの手紙でも、何度かこの〝のっぺらぼう現象〟をテーマにして、参加者自身にも考え、書いてもらいました。それで見えてきたのが、その後について知らないということもさることながら、加害者における防衛機制や解離ではないかという分析をしました。

にのみや　そうですね、彼らは、一人では被害者のことも、〝その後〟についても見られないんだろうなと思いました。見ないことに慣れている、と言ったほうがいいかな。私は、彼らにちゃんと見てほしい。目を逸らさないでほしい。これからも突っつく作業を続けたいと思っています。

斉藤　その甲斐あってか、最近は彼らにも表情がありますよね。

にのみや　ありますね！

斉藤　何度も問いかけてきたことで、彼ら自身が意識できるようになってきた。対話プログラムでは、さまざまな角度からの設問を用意しているので、被害者のリアルから少し離れたことが話題になることもあります。そのときは表情があっても、被害者に近い話をすると、また表情が消えかかる。消えてはダメという話ではなく、「今、自分はのっぺらぼうになってないだろうか」と問いかけることが大事だと思っています。

にのみや　長く参加してくれている人ほど、それができるようになっているのかな。

斉藤　加害者臨床は、〝三歩進んで二歩下がる〟の繰り返しです。長く取り組んでいる人ほど行動変容が可能であるとは限らない側面があります。ただ、対話を継続できるということには、それだけで大きな意味があると思います。残念ながら、いろいろな理由で対話プログラムだけでなく、クリニックの通院自体が途絶える人もいますが。

にのみや　遠方に引っ越すのでもうプログラムに参加できません、と手紙で教えてくれる人もいましたね。

斉藤　彼らはクリニックで実施されているデイナイトケアのなかで、朝9時から夜7時までいくつものプログラムを受けています。にのみやさんへの手紙を書く往復書簡のプログラムは、その後の、夜8時から始まるんです。一日、さまざまなプログラムに参加すると疲れはありますし、就業していて仕事終わりにこのプログラムだけ参加しに来る人もいますから、継続が大変なところはあります。だからこそ、長く参加している人には、にのみやさんとの対話を続けたいんだという意志を感じます。

にのみや　継続自体に意味があるというのは、私も同感です。対話を通して言語化できる人が増えてきたと感じています。これ、すごく大事な過程だと思うんですよ。フォーカシングという心理療法があって、自分の内にあるモヤモヤやイライラと向き合って、言語化することで安心する、というものです。彼らはおそらく、今まで自分の内面にフォーカスするどころか、目を向けることすらしてこなかったと思うんです。それ自体が、不快や痛みを伴う作業だからです。でも、対話プログラムではどうしても自分のモヤモヤやイライラにフォーカスして、言葉にしなければいけない。少なくとも私に手紙を書いたり、対面で話をしたりといった時間だけは、その作業をしてくれているのではないかと感じます。

被害の〝その後〟を写真展で感じる

斉藤　私から見て、対話プログラムの参加者と、にのみやさんとの関係性が、あきらかに変わったタイミングがありました。にのみやさんが、写真展を開かれたときです。

にのみや　はい、2021年に、東京・代々木のカフェで『SAWORI』と題した個展を開いたときですね。
斉藤　会場に自主的に足を運んだ参加者が何人もいました。写真集を購入した人もいて、後日、ほかの参加者たちと一緒に見たそうなんです。あの写真集には、被害の〝その後〟が感じ取れる作品がたくさん載っていますよね。これまで、にのみやさんの言葉で読んだり聞いたりしてきた〝その後〟を、目や空気で感じたのではないかと思っています。
にのみや　あの会場に来るって、彼らにとってものすごく勇気のいることだと思うんです。なぜかというと、クリニックでの彼らは、ある意味で守られていますよね。加害をしてきた人間であることは変わらなくても、その空間にいる限り、スタッフや仲間が常に気にかけてくれるし、不当に扱われることはない。だからこそ、そこから出ること自体が、むちゃくちゃ大変。
斉藤　参加者同士、誘い合って、待ち合わせをして行った人たちもいましたね。会場にあるゲストブックに、自分の名前を記入した人もいるとか。
にのみや　私が在廊していたときに来てくれた人とは、お話もしたんですよ。ゲストブックに感想を書いてくれる人もいました。クリニックという守られた空間で話すのと、彼らが生身になってしまう会場で話すのとでは、対話の意味もおのずと違ってくると感じました。

私たちは社会に一歩でも出たら、加害者と被害者として存在しているだけではないですよね。それぞれが加害者であり、被害者であることは事実なんですけれど、それがすべてではない。

斉藤　加害をしていたときの彼らは、加害者としての自分がすべてだった時期があると思います。何をしていても、加害をすることばかり考えていた。

にのみや　被害者にもそういう時期があります。私にもありましたよ、「私は被害者だ」で世界のすべてが塗り潰されるような日々が。でも生きていれば、いずれそうでなくなる日がくる。だからお互いに、被害者ではない部分、加害者ではない部分を引っくるめての全体でぶつかり合わないと、彼らがそもそもどこから性加害を選んできたのかを聞くことができないと思うんです。そもそも、加害者という側面だけを見たら、「二度と加害をするな！」というだけで終わっちゃう。そうではなく、彼らの「なぜ性加害でなければならなかったのか」までを聞かせてほしいんです。

斉藤　「なぜ私だったのか」「なぜ性加害でなければならなかったのか」は、にのみやさんが対話プログラムを始めた当初から、知りたかったことですよね。

にのみや　彼らにしてみれば、できるなら被害者と向き合いたくないですよね。見ないで済むなら、そのほうが絶対に楽です。でも、向き合おうとしている人がいる。だったら、私はその時間を無駄にしたくない。だからクリニックの外にいる彼らとも、「こんなところから加害が生まれちゃうんだ」「こんなところから、こういう考え方が生まれるんだ」「そこから加害行為につながるんだ」というのが少しでもわかるような話をしたかったんです。私は、一人の〝ひと〟として彼らと向き合っていかないといけないなと思っています。

性加害の裏に潜む承認欲求に気づくとき

斉藤　にのみやさんに宛てて書く手紙で、自分がしてきた問題行動と、クリニックに通ってからの年数を書く欄は当初からあったのですが、基本的には無記名でした。自主的に名前やニックネームを書く方はいましたけど。それがあるときから名前の欄を作ったところ、しばらくしてある参加者が、「手紙のプログラムでモヤモヤするようになった」と話してくれたんです。彼自身はそのモヤモヤの正体がわかっていなかったのですが、掘り下げて考えると、「にのみやさんから参加者宛の手紙に、自分の名前が載っていないとダメだ」と思うようになったらしいんです。

にのみや　私は毎月、もらった手紙からいくつかを引用して、それに対する返信を書いていますが、それのことですか？　その人への返信、というより、みんなで考えてほしいものを選んでいたのですが。

斉藤　彼としては、そこでにのみやさんが自分の書いた手紙を引用することで「（被害者に）認められた」と受け取っていたそうです。そうなると、認められるために書くようになる。つまり評価がほしいわけです。先日、「そんな自分にモヤモヤしていたと気づきました」と教えてくれました。

にのみや　実は予想はしていたんですよ。「載せてもらえた！」「じゃあまた、載せてもらえるように書かなくちゃ」っていう人が出てきやしないかなって。私は彼らに、書くからには自分の言葉に対して責任を持ってほしいと思っていますが、それを意識すると真逆の方向に行ってしまいますよね。私自身も、「全員の手紙を引用したほうがいいんだろうか」という考えに陥ってしまうことがありました。

斉藤　参加者同士でも、「今日の手紙に載ってたね」と話題になることがあるらしいです。〝性加害と承認欲求〟を対話のテーマにしたことが何度かありますよね。彼が、モヤモヤの正体は「認められたい」「評価されたい」という欲求なんだと気づいたのは、プログラムで承認欲求について考えたからだと言うんです。

にのみや　「自分の性加害と承認欲求はあまり関係ないと思う」と書いた人も、多くいたのでは？

斉藤　そうなんですよ。確かにかなり深く洞察しないと、性加害と承認欲求は結びつかないかもしれません。でも私は、根っこのところでは必ずつながっていると思っています。たとえば、自分の加害行為を誰かに気づいてほしいと書いている人もいましたし、彼らのなかに「被害者に〝承認〟されたい」という欲求が見えることも多いです。

にのみや　それ、すごく歪んでいますね……。

斉藤　はい、歪みです。でも「関係ないと思う」という反応が多かったので、そのときは私も、質問の仕方を間違えたかなと思いました。でも、記名について教えてくれた彼のように、あとになって自分のなかにある承認欲求に気づく人もいる。このテーマを一度投げかけた意味があると、手応えを感じました。

にのみや　こういうことがあったからといって、また無記名に戻すのもおかしい気がしますね。そこは彼ら自身が向き合って、乗り越えてほしいと思います。

斉藤　同感です。もともと、自分が誰なのかを明確化することで自分の行為責任にちゃんと向き合ってもらいたいという意図があって、記名欄を作ったんです。モヤモヤした彼には名前を変えるという選択肢もありますが、ここはやはり、自分のなかにある歪んだ承認欲求を意識していく機会としてほしい。「こんなところでも承認欲求が顔を出すんだ」「生き方を変えるためにはこれを乗り越えなければいけないぞ」というふうに。

季節を、生活を考え、自分をケアする。

にのみや　今のお話にも出ましたけど、対話のテーマの設定って難しいですよね。
斉藤　対話プログラムは、にのみやさんと対面で話す形式と、にのみやさんからの手紙を読み、テーマにそってにのみやさん宛の手紙を書く往復書簡の形式とに分かれていますが、両方に参加する人が多いので、できるだけテーマを連動させるようにしています。
にのみや　テーマの設定は斉藤さんがしてくれているので、私はひたすら懸命に手紙を書くだけなんですけど。
斉藤　まずは、にのみやさんからの手紙を読んで、そこにある内容をどうテーマに落とし込んでいくかを考えます。にのみやさんが書かれていることは直球が多いですよね。ただ、それだと反発のみが残る参加者もいます。加害者臨床では「最初から責任を追及すると、引っ込んで閉じてしまう」が定説なので、彼らの思考パターンに馴染みやすい言葉に加工して投げかけます。実際にプログラムの現場では、手紙を書き始める前に設問に対する質問を受けます。表現の仕方によっては、参加者にぜんぜん違う捉え方をされることもあるので、そのときはその場で修正します。

にのみや　私は私で、彼らから来たお手紙にまずざっと目を通します。ちょっと時間を置いてもう1回読んで、気になるところに線を引く……さらに時間を置いて、もう1回読む。少なくとも3回は読みますね。そしてしばらく寝かせて、自分の頭も整理して、そこからお返事を書き始めるんです。でないと、どこまでも長くなってしまう。

斉藤　プログラムはトータル1時間で、最初の20分に、にのみやさんからのお手紙を参加者全員で読み合わせる……という時間の制限もあり、Ａ４用紙6枚に収まるようお願いしています。

にのみや　だからスペースは限られているんですけど、いつのころからか季節のことをちょっと書くようになったんですよね。

斉藤　お花のことやペットのわんこのこと、ご家族と見た空の色などですよね。

にのみや　あれは、参加者にも自分の生活をちゃんと大事にしてほしいという気持ちからなんですよ。

被害者は、被害に遭った後に自分の生活を大事にできない時期があるんです。私にもありましたが、そのときは友人らが助けてくれました。セルフケアができないということは、自分を大事にできていないということで、それは他人をも大事にできないことにつながると私は思っているんですね。だから、自分の日常や、取り巻く人にふと想いを馳せる時間を持ってほしい。投げやりな状態であり続けると、何度プログラムに来ても何も得ることができないのではないかと思っています。「こんないいことがあった」でも「今日はイヤなことがあった」でもいいんです。そうやって日常に目を向けることが、セルフケアの一歩になりませんか？

斉藤　なりますね。セルフケアは、実は彼らの行動変容を考えるうえでも不可欠なんです。再犯のリスクが高まったときはセルフトークを使って、リスクの高い状態を回避する行動を主体的に選びます。キーパーソンに電話をしたり、安全な場所に逃げ込んだり、違うルートで帰ったりといったことです。でも、自分のコンディションが悪いときはこのセルフトークがうまくいかない。睡眠不足とか、仕事で残業が続いていて大きなミスをしたとか、家族と口論したとか。

そういうときは、自尊感情が低下しやすいんです。だから自分のメンタルのコンディションをしっかり保っておく必要があって、規則正しい生活は治療の基本です。生活サイクルと犯行サイクルは常に連動しています。自分自身の日常を顧みる習慣をつけてほしいですね。

にのみや　参加者からの手紙で、最後に私へのメッセージを書く欄がありますよね。そこに、自分の生活を書いてくれる人が少しずつ増えてきました。

斉藤　にのみやさんからの手紙を配ると、最後の〝時間〟を見る人が多いんですよ。
にのみや　ああ、私、書き終わった時間を必ず記しますね。
斉藤　それがだいたい、明け方近く。
にのみや　眠れなくて、そんな時間になっちゃう。
斉藤　彼らは「こんな時間まで、自分たちの手紙に向き合ってくれているんだ」と思うようです。それが、「じゃあ自分もちゃんと誠実に向き合わないと、にのみやさんに対して申し訳ない、失礼だ」という想いにつながっています。こういう空気、加害者臨床のほかのプログラムではあまり感じないんですよね。

そこには同じ問題を持つ〝仲間〟がいる

斉藤　ほかのプログラムでは強く感じない、といえば、対話プログラムでは〝仲間〟の意識ができてきたように思います。〝輪〟のようなものがある。これ、ほかの依存症では大事だとされているし、実際に自助グループなどに行くとそれを感じることができます。初めて参加する人を輪のなかに歓迎する雰囲気もあります。でも、性加害経験のある人たちが取り組むＳＡＧでは、横のつながりを作らない傾向があると以前から感じていました。

にのみや　私も当初は、バラバラだな、と感じていましたね。それぞれのあいだに、透明な壁がある。榎本クリニックは依存症専門外来ですが、ほかの依存症のフロアと、SAGのフロアは雰囲気がぜんぜん違うんですよ。〝性〟というものにまつわるネガティブなイメージから来ているのかな。自分をすごく卑下しているというか、自分で自分に腹を立てているというか……。

斉藤　そのわりに、ほかの参加者と自分を比べるんですよね。「なんで、こんなやつらと一緒なんだ」「こいつらと一緒にされたくない」といった具合に。

にのみや　性犯罪者はほかの犯罪者と比べても、社会でより厳しい目が向けられますよね。

斉藤　はい、刑務所内でも「ピンク」と言われ、いじめに遭うことが多いです。特に子どもに性加害をした人は、もっとも卑怯で男らしくない犯罪をしたと思われるみたいです。

にのみや　その視線を、彼らは自分にも向けている感じがしたんです。人間関係や就職活動でも壁にぶつかるばかりという背景もあるのか、「どうせ自分なんか……」と思っている。そんな空気がフロアに漂っていると感じました。

でも、それを持ち続けていても何にもならない。自分がやったことはやったこととして、ちゃんと向き合わなければならない。だってあなたが生み出した被害者は今もずっと自分のなかで「なぜあんなことがあったのか」「なぜ自分だったのか」を問い続けているに違いないから。向き合うのはしんどいことかもしれないけど、「それを一緒にできる仲間がいるでしょ！　あなたの隣に」って言いたいですね。

斉藤　たとえば盗撮加害をしていた人同士で雑談しているのを聞くと、「あ〜、そういうときって絶対盗撮したくなるよね」なんて話していることがある。これ、一般的にはギョッとされるかもしれませんが……。

にのみや　被害者がそこだけ聞くと「なんだそれ⁉」ってなるでしょうね。

斉藤　その通りです。しかし彼らは自分が加害をするときの欲求や行動のパターンを知っておかなければならないし、同じ問題を持った相手にしかわからないところがあります。それを共有したうえで、「だから、こういうとき気をつけないとね」「どうやって回避すればいいと思う？」という〝対話〟が、プログラム以外の場でも広がり始めている。アルコールやギャンブルの依存症のグループでは、よく仲間同士で分かち合っている話です。今はSAGでも、仲間をキーパーソンに選んでいる人もいます。

にのみや　以前はいなかったんですか？

斉藤　いなかったですね。長く取り組んでいる人も少なかったですし、ロールモデルがいませんでした。基本は、スタッフや家族が務めることが多いです。

にのみや　でも、斉藤さんたちからの声がけや、対話で仲間について掘り下げる機会がないと、いつでも壁が復活するような気がしているんですよね。スッと透明な壁を作って、自分を守ってしまう。本当に、強力な習慣なんですよ。きっと、彼らの子ども時代にそうして見えない壁を作ることでしか自分を守れないことがあったんじゃないかという気がしています。

にのみやさんの顔を思い出し、再犯が止まる

斉藤　いつ頃からか、手紙に「再犯しそうになったときに、にのみやさんの顔が浮かんで、自分を止めることができた」と書く人が出てきましたね。

にのみや　私が再犯のストッパーになったということですよね。私の顔だけでなく、私が言った、書いた言葉でも何でもいいんですけど、それを思い出して、「自分は今、加害行為をできない」と思ってくれたのなら、こんなに嬉しいことはないです。だって彼らはこれまでに、何度も何度も繰り返してきたんですよね。自分の衝動を止めようともせずに、人に加害をして傷つけてきた。それが、「いや、待てよ」と一瞬でも思えるようになったということは、対話を続けてきてよかったと思いますね。

斉藤　ハイリスクな状況になったとき、これまでの彼らなら「今なら確実にできる！」「バ

レなきゃいい」とパッと出てくる自動思考に、自ら手っ取り早く乗っかっていました。長くプログラムに取り組んでいる人でも、自動思考のように出てきてしまう。「チャンスだ!」と思ったら、キョロキョロ周囲を見回して「バレなさそう」と確認し、「久々だからちょっとくらいいいだろう」と、みるみるうちに加害に向けて動いていってしまいます。最初にパッと出てくる自動思考をコントロールするのは、長くプログラムに取り組んでいる人でもほぼ不可能です。でも、その後でその認知にどう反応し、どう行動するかは、自分で選択できます。加害行為を選択しないためのセルフトークを繰り返ししてほしい。

にのみや　セルフトークとは、つまり自分自身との〝対話〟ということですよね。

斉藤　そうです。それがうまくいって問題行動を自分で回避できたのは、プログラムを継続したからできたことだと思います。とはいえ、せっかく身についてきたセルフトークの力も、プログラムに参加しないと忘れていきます。筋トレと似ていますね。自分が逮捕されたときや、それで家族が去っていったときのことなどは思い出したくないから、わざわざ記憶から引っ張り出さない。にのみやさんの顔や言葉も、思い出すと加害行為ができなくなるので思い出さない。その代わりとして出てくるのが、逮捕されなかったり周囲にバレなかったりという、〝負の成功体験〟です。そっちに流れるのは、簡単なんです。だから、プログラムは継続しないといけないのです。

修復的対話の、これから

斉藤　私はこの対話プログラムを「修復的対話」と位置づけています。

にのみや　「修復的司法」から来ているんですよね。私はこの対話プログラムを始めてからその言葉を知ったのですが、なるほど、こういう言葉で表されていて、すでに世界では司法プロセスとして実施されている国があるのか、と感心しました。それから、社会は被害者と加害者をとかく分断させたがるけど、ここに橋をかけたほうがいい場合もあるのではないかということを、あらためて考えました。

斉藤　橋をかける、というのは、お互いを知るということですか？

にのみや　はい。被害者も加害者も、相手の〝その後〟を知りませんよね。これは、自分の直接の加害者、被害者について知ろうという意味ではないですし、ほとんどの場合は知りようがないのが現実です。でも、被害を受けた人はその後どんな人生を歩むことになるのか……たった一人からでもそれを聞いていれば、自分によって被害者となってしまった相手のことにも想像を広げることができるようになるのではないか。

斉藤　にのみやさんは、第1回目から「加害者には時効があるけど、被害者にはない」という話をされました。その意味を、これからのプログラムでちゃんと考えてほしい、と参加者に訴えられました。

にのみや　人生って、よくも悪くも長いですから、加害、被害の〝その後〟ってすごく大事だと思うんです。多くの被害者にとって〝その後〟に起きることは本当に大変です。「あの事件のせいで自分はこうなっちゃったんだ」とずっと囚われ続けるし、怒りや憎しみを持ち続けると疲弊もします。

一方、加害者はどうなんだろう。私は加害者の〝その後〟を知りたいと思ったし、加害者と対話をしたいとも思いました。そんなことはめったに実現しないですが、1億分の1の確率で実現したとしたら、そこで「なぜあなたは私を選んだのか」と、ずっと抱えていた問いに対する答えも得ることができるのではないか……こう考える被害当事者は、私のほかにもいるかもしれない。でもそのためには、加害者が語れるようになっていないとダメなんですよ。

そう思って始めた対話プログラムですが、この基本姿勢は今も変わっていなくて、今後も彼らの〝語り〟のお手伝いをしたいと思っています。彼らがいつか自分の被害者と対面したとき——現実にそういう機会があるのか、彼らの想像の世界でのことなのかは、私にはわかりませんが、なんらかの形で対面したときに、彼らが自分のことを、なぜ自分が加害行為をしたのかということを、ちゃんと語れるようになっていてほしい。そのための対話を続けていきたいです。私がおばあちゃんになって、動けなくなるその日まで。

にのみやさをり

1970年生まれ。横浜市在住。1995年1月性暴力被害に遭う。1995年12月病院に駆け込む。以来現在まで通院、診察・カウンセリングを受けている。

1997年、初めてカメラを手にし、独学でモノクロ写真を学ぶ。2001年より年に一度のペースで、東京都国立市の喫茶店「書簡集」、東京・代々木cafe nookにて個展を催す。

2010年夏、第6回アンコールフォトフェスティバルのAsian women photographers' showcase 2010にて『あの場所から』を上映。性犯罪被害者サポート電話「声を聴かせて」の活動を開始(2015年に終了)。

2011年秋、窓社より写文集「声を聴かせて／性犯罪被害と共に、」を出版。

2012年6月、東京・禅フォトギャラリーにて個展「鎮魂景」開催。

2013年冬、ChobiMela 7 international festival of photography Bangladesh,2013(Theme:Fragility,"From That Place:The Voice of Being")に出品。

2014年4月Reminders Photography Strongholdギャラリーにて個展「彼女の肖像～杏子痕」開催。

2017年7月より榎本クリニックにて性加害者との対話を始める。

2020年よりNPO法人横浜依存症回復擁護ネットワーク・横浜リカバリーコミュニティー(YRC)にてアートセラピー講師を務める。

おわりに

なぜ、私だったのか。

どうして私がこんな目に遭わなければならなかったのか。

私は、ずっとその問いを心に抱いていました。被害に遭ってからというもの、「こんなことになったのは自分のせいだ」「こんな自分だから被害に遭ったのだ」と自分を責めていました。でも同時に「なぜ、どうして私だったのか」と思ってもいました。

その答えが欲しくて、私は自分の加害者と直接対面をしました。でも、答えは何ひとつ得られないまま、その対面は終わってしまいました。

なぜ、私だったのか。どうして私じゃなければならなかったのか――これに対する答えがほしい。直接の自分の加害者から答えが得られないのならば、せめて加害を実際に行なったことのあるひとたちと対話できないだろうか。そのひとたちに教えてもらうことはできないだろうか。そう思い始めました。

実際に私が、榎本クリニックの斉藤章佳さんにはじめてメッセージを送ったのは、2017年初夏のことです。

「数年前から、加害者との対話ということをずっと考え続けてきました。躊躇《ためら》う部分もあり、今日に至っています。でも、もうそこからしか始まらないものがあるんじゃないか、と今は思っています」

なぜ、私だったのか。この言葉に答えられるのは、加害者しかいない。加害を経験したことのあるひとしか、あり得ない——そう思いました。ほかの誰が答えを肩代わりしてくれても、私はきっとそれでは満足しないでしょう。納得できないでしょう。ひとは、ごまかしたりきれいごとを言ったり、平気でできてしまうものですから。だから、私は斉藤さんにお願いしました。加害者のひとたちとの対話の実現に、力を貸してもらえないか、と。

この想いを友人に最初に打ち明けたとき、「どうして加害者についてなんて知ろうとするんだ。加害者を理解する必要なんてないじゃないか。そんな酷い目に遭っていながら。どうして⁉」と、怒りをにじませながら言われました。もっともな怒りです。ありがたかったです。だから私も、言葉を尽くして伝えました。

「なんて言うかさ、もう、連鎖させちゃならんと私は思っていて。私の被害に対して、たとえば私が加害者を怒りや憎しみでもし追い詰めたとして、そこに何が生まれるだろう？怒りや憎しみによってもたらされた事象からは、やはり怒りや憎しみが生まれると思う。そうやってひたすら連鎖する。ときに増殖しながら。きっと、ね。私は、もうそれを望まないんだ。被害者や加害者って、いろんなところに存在していて、さ。それは別に性被害についてだけじゃなくて、歴史のなかにいっぱいいるわけさ。戦争が起これぱそこに、加害・被害っていう図式が生まれるし、必ず、された側、した側、が生まれちゃう。その度に、怒りや憎しみがそこで燃え上がる。その他大勢も巻き込んで、ぼうぼうと燃え上がる。そういうの、もう、終わらせられないのかなあ。私は少なくとも、終わりになることを、望んでるんだよね。

じゃあ、怒りや憎しみの無限ループを、ここで終わらせるにはどうしたらいいのかってことになるよね。それを考えるには、加害者の側のことを私が知る、理解できないまでも知ること、それが必要だと思うんだ。何も知らずに自分の叫びや痛みばかり主張するというのは、対話にはつながらない。

だから私が加害者側の事柄を知りたい、少しでも理解したい、と思うのは、ここで終わりにしたいから。これ以上被害者と加害者の間で怒りや憎しみの応酬を続けても、無意味どころか、先々人間の存在そのものを損ねることになりかねない。少なくとも私は、それを望んでいない。虐待の連鎖とか、憎しみや怒りの連鎖とか、やっぱり、断ち切りたいと思った者が断ち切ることを始めなければ、何も変わらないと思う。だったらまず、私が行動してみるほか、私には術《すべ》が思いつかない」

そんな想いを抱えて始めた、性被害当事者と性加害当事者との対話および往復書簡。私はこれらのやりとりから、いくつもの気づきや、思い知らされる事柄と出合ってきました。その最たるものを挙げるとするなら、「なぜ、私だったのか、なぜ自分でなければならなかったのか」という問いに対し、彼らがまっすぐに、正直に思いを投げてくれたときのことです。

「にのみやさんである必要はなかったんです、ただそこにいた、ゲームのターゲットになった、それだけです」。

そう言われたときのショックたるや、とんでもない衝撃でした。

自分でなくてもよかった⁉　そう知らされたとき、がらがらと何かが崩れました。こんな悲惨な目に遭ったのだから、せめて自分がそうなってしまった正当な理由がほしかったのだと、そのとき私は思い知りました。ああそうか、私は期待していたのだ、せめて自分である必要をちゃんと加害者が持っていてくれるんじゃないか、と。

衝撃のあまり、笑ってしまいました。そして、黙って声を押し殺して一人、夜中に泣きました。ここから、さあ、私はどうしたらいいんだろう。途方に暮れるとはこのことだ、と思いました。でも、これは真実なんだ、と、そのことは嫌というほど解りました。彼らがその言葉を私にまっすぐに投げてくれたからです。

今もまだ、このときの衝撃は消化しきれていませんが、でも、このとき彼らがまっすぐに思いを差し出してくれたおかげで、私は少しだけ、前に進めた気がします。私のせいじゃない、あの被害は私のせいじゃない、と、そのことが解ったからです。だからって、自分のなかの自分を責める気持ちがゼロになるわけじゃないけれど、でもたぶん、半分くらいは減りました。

先日、私は、加害者を自分の手で殺してしまいたいという気持ちが自分の奥底に淡々と潜んでいる、といったことをカウンセリング中に話しました。微かな記憶でしかありませんが、でも、確かに言った覚えがあります。

その思いは、たぶんずっと、変わらない。

それは、今の時点では、私の直接の加害者が更生プログラムにつながる可能性がまったくないから、です。もし、自分の加害者が更生プログラムをきちんと受講してくれたら、し続けてくれたら。私はきっと、少しだけ、安心できる。二度ともう、この人による被害者は生まれない、と思えたら、私はきっと、少しだけ、救われる。

そうしたら、殺したいなんて、思わなくても済む気が、します。

突飛に聞こえるかもしれませんが。

私は、いつかこの私たちの社会が、かつての被害者もかつての加害者もともに生きられる社会になることを望んでいます。加害者がある意味、受け容れられる社会、赦される社会、それが、被害者を減らしていけるんじゃないか、と。そう思っています。

たとえ加害者がいったんは塀の中に入ったとしても、加害者と被害者はいずれ（どちらかが死なない限り）同じ地上で、同じ社会で、生活していかなければならない。それが私たちの現実として否応なく、あります。

そうであるならば私は、加害者と被害者がどうやったらともにこの同じ社会で生きていけるかを、考えたいのです。その必要があるんじゃないかと、そう思っているのです。

被害者になってしまうことは特別なことではありません。加害者になってしまうこともまた、特別なことではありません。誰もが被害者にも加害者にもなり得る、それが私たち人間なんだと思うのです。

被害者だけの人生もなければ、加害者だけの人生もない。誰もが被害と加害をその身に抱え込んでいる、一人の人間のなかに加害と被害は共存している、人間とはそういう業の深い生き物なんだと私は思っています。だからこそ、私たちがともに生きるにはどうしたらいいのか。そこを、やっぱり考えたい。

このプログラムがいつまで続くのか、続けられるのか、誰にもわかりません。続く限りは、自分自身のこの大切な希望を見失わずにいられるよう、これからも彼らと、自分自身と、向き合っていきたいと思っています。

最後に、感謝を伝えさせてください。

この本がこうして形になるには、斉藤章佳さん、編集の小宮亜里さんがいてくれなければあり得ませんでした。心より感謝申し上げます。

プログラムに参加してくれているみなさん。みなさんがプログラムにつながってくれていなかったら、そもそもこの本は存在していなかった。こんなやりとりはあり得なかった。

本当にありがとう。これからもよろしくお願いします。

そして。

突っ走ってばかりの私を支え、応援し続けてくれる家族へ、いつもありがとう！

２０２４年夏　にのみやさをり

参考文献

『性犯罪被害にあうということ』
（小林美佳／朝日文庫 2008）

『人はなぜ依存症になるのか　自己治療としてのアディクション』
（エドワード・J・カンツィアン他／星和書店 2013）

『性暴力被害の実際』
（齋藤梓／大竹裕子／金剛出版 2020）

『言葉を失ったあとで』
（信田さよ子・上間陽子／筑摩書房 2021）

『男性の性暴力被害』
（宮﨑浩一・西岡真由美／集英社新書 2023）

『リラプス・プリベンション』
（アラン・マーラット他／原田隆之 訳／日本評論社 2011）

「第五回自殺意識全国調査結果」
（日本財団／2023）

性暴力の加害者となった君よ、すぐに許されると思うなかれ
被害者と加害者が、往復書簡を続ける理由

2024年9月6日　初版第一刷発行

著者／斉藤章佳　にのみやさをり

構成／三浦ゆえ

ブックデザイン／川添和香（TwoThree）

アドバイザー／原久仁子

編集／小宮亜里　黒澤麻子　内田佑季

発行者／石川達也

発行所／株式会社ブックマン社
〒101-0065 千代田区西神田3-3-5
TEL 03-3237-7777　FAX 03-5226-9599
https://www.bookman.co.jp

印刷・製本／シナノ印刷株式会社

ISBN 978-4-89308-973-1